servir
revue adventiste de théologie

SERVIR - *Revue adventiste de théologie*, est la revue de la Faculté adventiste de théologie de Collonges-sous-Salève (France). Elle touche l'ensemble des domaines de la théologie.

Même si globalement la teneur des articles est soutenue par le Comité scientifique et la Faculté adventiste de théologie, les positions défendues dans les articles n'engagent que leurs auteurs.

Tout article peut être proposé à la rédaction. Merci d'envoyer votre manuscrit par courriel à secretariat.fat@campusadventiste.edu. Il sera considéré par le Comité scientifique.

Directeur de la publication : Gabriel Monet

Comité scientifique : Roland Meyer (président), Rivan Dos Santos, Daniel Hornicar, Marcel Ladislas, Luca Marulli, Gabriel Monet, Jean-Luc Rolland.

Secrétaire de rédaction : Chantal Zehnacker

Correspondants : Jacques Doukhan (Amérique du Nord), Patrick Etoughé Anani (Afrique), Sully Payet (Océan Indien), Roger Tetuanui (Pacifique),

Tarifs et abonnements
Prix de vente du numéro : 7 €
Prix de l'abonnement (deux numéros par an, frais de port compris) :
    Pour l'Europe et Dom-Tom : 14 €
    Pour le reste du monde : 18 €

Pour s'abonner, merci de remplir le formulaire prévu à cet effet sur la page dédiée du site Internet du Campus adventiste du Salève : www.campusadventiste.edu. L'abonnement peut être réglé par carte bancaire directement sur le site, ou à défaut par chèque à l'adresse de la faculté. Pour toute question ou renseignement à propos de l'abonnement : secretariat.fat@campusadventiste.edu.

© 2018, Faculté adventiste de théologie
33 chemin du Pérouzet, 74160 Collonges-sous-Salève
Imprimé par Books on Demand GmbH, Nordestedt, Allemagne

ISBN : 9782911358517
ISSN : 2606-1805

Dépôt légal : juin 2018

Editorial

Jésus est le chemin, la vérité et la vie

Gabriel Monet[1]

Jésus a affirmé être le chemin, la vérité et la vie à l'orée de sa crucifixion, lors de son dernier repas avec ses disciples. Etonnant de déclamer être la vie alors que Jésus savait qu'il allait mourir quelques heures plus tard. Mais c'est précisément tout le paradoxe de la Passion du Christ que de transformer les forces destructrices en puissance régénératrice ; de répondre à l'insupportable de la crucifixion par l'inouï de la résurrection ; de discerner au bout de ce qui semble être l'impasse d'un échec la voie de la victoire.

Avec Jésus, la mort rime avec vie, ou plutôt, la mort n'est pas une fatalité mais ouvre un chemin d'espérance. Oui, un chemin. Il est vrai qu'un sens majeur de la mort de Jésus est lié à l'idée de la substitution : Christ est mort « pour nous », « à notre place ». Cette dimension de la substitution est importante et elle met en valeur la grandeur de la grâce divine pour l'humanité qui s'est révélée en Jésus-Christ. La vie éternelle est un cadeau et son prix élevé a été pris en charge par le Christ. Ceci est d'une importance... cruciale.

Mais si la Bible parle d'un don, comme dans le célèbre verset de Jean 3.16 : « Dieu a tant aimé le monde qu'il a donné son Fils... », il importe peut-être de rappeler que c'est avant tout le geste altruiste et exemplaire qui compte, et que la mort fatale qui s'ensuit n'en est que la conséquence. Jésus lui-même a affirmé : « Il n'y a pas de plus grand amour que de donner sa vie pour ceux qu'on aime » (Jn 15.13). Cependant, l'expression « donner sa vie » (dans l'original grec, *títhēmi*) se traduit plutôt par « exposer ». Le sacrifice n'était pas le but, ni une fin en soi. Du reste, le plus grand des amours pour ceux qu'on aime est bien souvent de rester en vie, pour continuer à aider et à aimer. Dans une parabole, Jésus s'est comparé au bon berger, déclarant : « Je suis le bon berger. Le bon berger expose (du verbe *títhēmi*)

---

[1] Gabriel Monet, docteur en théologie, est professeur de théologie pratique et doyen de la Faculté adventiste de théologie de Collonges-sous-Salève (France).

sa vie pour ses brebis » (Jn 10.11). Le bon berger ne « donne » pas sa vie, comme il est souvent traduit car il ne serait plus d'aucun secours pour ses brebis. Il est vrai que par amour, il est prêt à prendre des risques, et au pire des cas à y laisser la vie. C'est bien ainsi qu'il faut comprendre l'acte de Jésus à Pâques. Le message de la croix est précisément que la vie nouvelle, celle de la résurrection, passe par le fait d'exposer sa vie pour autrui, au risque de la mort. Et cette idée-là ouvre un chemin pour tous ceux qui accueillent l'acte généreux de Jésus et qui se réclament du Christ.

En d'autres termes, à la substitution il importe d'ajouter l'identification. Nous pouvons accueillir ce que Jésus a fait pour nous, mais nous sommes également invités à l'imiter, à « faire mourir le vieil homme en nous », à « porter notre croix ». Jésus est mort « pour nous » dans le sens qu'il a choisi d'assumer une mort qui aurait dû être celle des humains pécheurs, mais ce faisant, il dessine un chemin à suivre, une attitude à adopter, un idéal à incarner. Comme le déclare l'apôtre Paul, « par le baptême, en sa mort, nous avons donc été ensevelis avec lui, afin que, comme Christ est ressuscité des morts par la gloire du Père, nous menions nous aussi une vie nouvelle. [...] Si nous sommes morts avec Christ, nous croyons que nous vivrons aussi avec lui. [...] En mourant, c'est au péché qu'il est mort une fois pour toutes ; vivant, c'est pour Dieu qu'il vit. De même vous aussi : considérez que vous êtes morts au péché et vivants pour Dieu en Jésus Christ » (Rm 6.4-11).

Assurément, si la croix de Jésus est source de vie, elle initie aussi le chemin. Mais plus encore, par sa mort Jésus incarne la vérité. Toujours dans le contexte de la Passion, lorsqu'il comparait devant Pilate, Jésus affirme : « Je suis né et je suis venu dans le monde pour rendre témoignage à la vérité. Quiconque est de la vérité écoute ma voix ». C'est cette déclaration qui fait s'interroger Pilate : « Qu'est-ce que la vérité ? » (Jn 18.37-38). La question reste en suspens, mais Jésus y avait déjà répondu quelques heures plus tôt en s'adressant à ses disciples. La vérité n'est pas d'abord une idée, aussi belle et construite soit-elle, c'est avant tout une personne.

Si l'affirmation de Jésus comme s'identifiant au chemin, à la vérité et à la vie (Jn 14.6) est en soi des plus profondes, il se trouve qu'elle résonne de manière très intéressante avec ce numéro de la *Revue adventiste de théologie – Servir*. Plusieurs articles abordent en particulier le sens de la mort de Jésus, qui est considérée d'un point de vue biblique et systématique ; des regards divers qui se complètent utilement pour traiter d'un sujet aussi complexe. Les circonstances font qu'en plus des quatre articles qui sont des contributions à la christologie (l'étude de la nature et de l'œuvre du Christ) et à la sotériologie (l'étude du salut, de *sōtēría*, « salut », et *lógos* « discours, science »), ce numéro contient également un article en lien avec la notion de vérité. Et il s'achève avec une exploration du rôle et de l'attitude des femmes dans l'évangile de Marc, qui met en évidence qu'il ne suffit pas de croire de manière théorique en Jésus, mais qu'il s'agit de suivre le chemin qu'il est, d'accepter la vérité qu'il personnalise et de goûter la vie qu'il offre.

En espérant que la lecture des articles de ce numéro de la *Revue adventiste de théologie – Servir* sera enrichissante et édifiante, je conclus en évoquant que toute réflexion théologique, notamment autour de la mort du Christ, nécessite d'aller au-delà des mots, en particulier quand elle se veut aussi témoignage. Comme l'a si bien dit Lesslie Newbigin, son explication se trouve aussi dans le vécu confiant et croyant des valeurs de l'Evangile que Jésus a si bien modélisé, par sa vie, et même par sa mort.

> « Comment est-il possible que l'Evangile soit crédible, que les gens en viennent à croire que la puissance qui a le dernier mot dans les affaires humaines est représentée par un homme pendu à une croix ? Je suggère que la seule réponse, la seule herméneutique de l'Evangile, est une congrégation d'hommes et de femmes qui croient en cet Evangile et qui vivent par lui[2]. »

---

[2] Lesslie Newbigin, *The Gospel in a Pluralist Society*, Grand Rapids, Eerdmans, 1989, p. 227.

Le ministère rédempteur du Christ sur la croix

Raoul Dederen[1]

Le christianisme est avant tout une religion de rédemption. Christ en est le cœur. Notre religion n'est pas l'acceptation d'un crédo. Elle est essentiellement une communion, un engagement envers une Personne. Tout se retrouve en celui avec lequel notre âme est en communion directe et vivante. Tout se retrouve dans l'acte éternel de Dieu en Christ, dans la personne du Christ, dans sa croix. En dernière analyse dans sa croix, « car elle est la clef de toute la personne du Christ »[2].

Oscar Cullmann l'a magistralement souligné dans son illustre ouvrage *Christ et le temps* : Jésus-Christ est l'événement central de l'histoire de la rédemption[3]. Et sa mort en est le point culminant. Elle est le signe distinctif de la religion qui porte son nom[4]. « La croix du Calvaire – écrit Ellen White – est le grand centre[5]. » La structure même des évangiles, l'accent qu'ils placent sur les scènes finales du ministère du Christ révèlent qu'outre leur valeur historique, la mort et les souffrances du Seigneur étaient considérées comme ayant également une signification théologique.

---

[1] Raoul Dederen, docteur en théologie, professeur de théologie systématique, a enseigné pendant dix ans à la Faculté adventiste de théologie de Collonges-sous-Salève (France) avant d'exercer jusqu'à la fin de sa carrière comme professeur et doyen du *Seventh-day Adventist Theological Seminary* de l'Université Andrews à Berrien Springs (Michigan, Etats-Unis). Il est décédé le 24 octobre 2016 à l'âge de 91 ans. Cet article de Raoul Dederen est la publication d'un manuscrit, traduit et adapté en français par l'auteur, de « Christ's Atoning Ministry on the Cross » publié par The Ministerial Association of the General Conference of Seventh-day Adventists en 1975 (p. 3-14).
[2] Peter Forsyth, *The Cruciality of the Cross*, London, Independant Press, 1957, p. vii.
[3] Oscar Cullmann, *Christ et le temps*, Neuchâtel/Paris, Delachaux & Niestlé, 1966, p. 81-83, 86-92.
[4] Ernst Käsemann, « The problem of a New Testament Christology », *New Testament Studies* 19 (1973), p. 235-245.
[5] Ellen White, *Lettre 201*, 1899 (*Seventh-day Adventist Bible Commentary*, IV, 1173).

Cette portée théologique a trouvé forme dans la doctrine chrétienne de la rédemption. Le terme *atonement*, volontiers employé dans ce cas par les théologiens de langue anglaise, est d'origine typiquement anglo-saxonne[6]. Signifiant tout d'abord « réconciliation », le terme en est progressivement venu à être employé dans le sens de « dédommager, réparer, faire expiation ». Nous traduirons ici par le terme « rédemption » cette dimension de l'acte du salut par lequel Dieu, en Jésus-Christ, nous arracha au péché pour nous réconcilier avec lui.

La mort du Christ et le péché de l'homme

Christ, l'Agneau de Dieu

Depuis Anselme et son célèbre *Cur Deus Homo ?* (1098), la doctrine de la rédemption n'a cessé d'occuper une position centrale dans la théologie chrétienne. Les théologiens conviennent généralement de son importance fondamentale. C'est dans le domaine de son interprétation que des divergences profondes se font sentir[7]. J'aimerais ici traiter brièvement d'un aspect particulier du ministère rédempteur du Christ tel qu'il nous est présenté dans le Nouveau Testament, à savoir sa mort sur la croix. En quoi la mort de Jésus de Nazareth, survenue il y a quelque 2000 ans, peut-elle aujourd'hui affecter mon salut et ma réconciliation avec Dieu ?

Les auteurs du Nouveau Testament semblent avoir attribué une importance essentielle à l'impeccabilité de Jésus-Christ. Jean l'introduit à ses disciples comme l'« Agneau de Dieu » (Jn 1.36). Il est rare, cependant, que le Nouveau Testament souligne cette impeccabilité sans mentionner du même coup le péché porté par l'Agneau de Dieu. « Voici l'Agneau de Dieu qui ôte le péché du monde » précise Jean (v. 29). La mort du Christ est intimement associée au fait qu'elle survint « pour nous ».

Trois aspects importants de la mort du Christ

Dans le Nouveau Testament la mort du Christ n'est pas la fin tragique d'un homme désillusionné, ni celle d'un martyr. C'est une mort librement consentie, un acte de réconciliation.

La part des hommes. Dès ses premières pages, le livre des Actes dépeint la crucifixion de Jésus comme le fait des chefs religieux d'Israël, un crime que Dieu

---

[6] Robert Culpepper, *Interpreting the Atonement*, Grand Rapids, Eerdmans, 1966, p. 12.
[7] Pour un aperçu des principales écoles d'interprétation, voir Gustaf Aulén, *Le triomphe du Christ*, Paris, Aubier, 1979.

redressa en ressuscitant Jésus d'entre les morts[8]. Ce sont des hommes qui frayèrent le chemin de la croix. Jésus lui-même en était conscient. Il savait qu'il serait livré entre les mains des hommes (Mc 9.31), aux Gentils (Mc 10.33) ; qu'il souffrirait et serait rejeté (Mc 8.31), battu de verges (Mc 10.34) et mis à mort (Mc 8.31). Il n'ignorait rien du comportement des siens (Jn 19.11). Les évangiles nous parlent des actions et intrigues des hommes, et concluent : « Ils le crucifièrent » (Lc 23.33).

L'activité de Dieu. Il n'est dès lors pas surprenant que très tôt les apôtres soulignèrent la responsabilité et la culpabilité des hommes dans l'exécution de Jésus « que vous avez crucifié » (Ac 2.36 ; 4.10)[9]. Et cependant les mêmes apôtres précisent que la mort de leur Maître fut aussi l'accomplissement de « tout ce que ta main et ton conseil avaient arrêté d'avance » (Ac 4.27-28 ; 3.18). Les hommes frayèrent le chemin de la croix, mais leurs intrigues ne suffirent pas à expliquer la crucifixion. Eclairés par la révélation divine, les premiers chrétiens y discernèrent l'intervention de Dieu. « Cet homme – explique Pierre –, livré selon le dessein arrêté et la prescience de Dieu, vous l'avez crucifié, vous l'avez fait mourir par la main des impies (Ac 2.23). Dieu, dans sa providence, agissait par le moyen des hommes.

Le choix délibéré du Christ. Nous avons mentionné deux aspects particuliers de la mort du Seigneur, à savoir l'activité divine et la part des hommes. Il nous faut également mentionner le choix posé par le Christ lui-même. Ce n'est pas une mort involontaire qu'il souffrit. Au contraire. Il se rendit à Jérusalem sachant ce qui l'y attendait. Au début de son ministère il s'en entretint avec Nicodème (Jn 3.14-15). Dans les mois et années qui suivirent, il affirma qu'il était venu pour donner sa vie comme la rançon de plusieurs (Mc 10.45) ; que lui, le bon berger, donnerait sa vie pour les brebis (Jn 10.11, 15). Parfaitement au courant de sa mission, il déclara : « Le Père m'aime, parce que je donne ma vie, afin de la reprendre. Personne ne me l'ôte, mais je la donne de moi-même » (Jn 10.17-18).

Il aurait pu éviter la crucifixion. La tentation s'en présenta à plusieurs reprises : dans le désert[10], en la personne de Pierre (« cela ne t'arrivera pas[11] »), en

---

[8] Ac 2.23-24, 36 ; 3.13-14 ; 4.10 ; 5.30 ; 7.52 ; 10.39-40. Gerrit Berkouwer souligne cet aspect avec force dans *The Work of Christ*, Grand Rapids, Eerdmans, 1965, p. 135-137. Cf. James Stewart, *A Faith to Proclaim*, New York, Charles Scriber's Sons, 1935, p. 84 ss.
[9] Cf. Ac 3.14 ; 5.30 ; 10.39 ; 13.18-31.
[10] Mt 4.8-10. Cf. Ellen White, *Messages choisis*, vol. 1, Mountain View, Editions Inter-Américaines, 1969 (1ère édition en anglais 1958), p. 336-337 ; Ellen White, *Jésus-Christ*, Dammarie-lès-Lys, Signes des Temps, 1975 (1ère édition en anglais 1898), p. 95-106.
[11] Mt 16.22. La véhémence de la réplique de Christ : « Arrière de moi, Satan ! » exprime bien l'acuité de cette tentation. Cf. Ellen White, *Jésus-Christ*, p. 410-411.

Gethsémané, au point que sa sueur « devint comme des grumeaux de sang[12] ». Il ne s'agit là ni d'une victime impuissante, ni d'une mort par accident ! Jésus considérait sa mort comme partie essentielle de la tâche qu'il était venu accomplir dans l'accomplissement du salut[13].

La mort du Christ : sa nécessité

Il me reste à mentionner un aspect important du témoignage scripturaire, indispensable pour une juste intelligence du caractère unique de la mort du Christ : sa nécessité.

Il fallait que le Christ souffrît. Les Ecritures expriment cette nécessité en déclarant qu'il fallait que le Christ souffrît. Tantôt la chose est explicitement énoncée, tantôt elle l'est d'une manière implicite, affirmant que telle déclaration de l'Ancien Testament se trouve accomplie dans tel aspect du ministère du Christ. Luc, par exemple, rappelle qu'« il faut auparavant qu'il souffre beaucoup, et qu'il soit rejeté par cette génération » (17.24). La déclaration de Jésus à Pierre, à Césarée de Philippe, est on ne peut plus claire (Mt 16.16-21)[14].

Pour Jésus, le témoignage des Ecritures est à ce point authentique que l'on peut dire qu'il faut que l'Ecriture s'accomplisse. D'après Kittel, ce « il faut » a « le caractère d'une nécessité », il ne s'agit pas d'une « croyance aveugle au destin, mais de confiance dans les plans éternels de Dieu[15] ». Rien – écrit Ellen White – si ce n'est la mort... du Fils de Dieu... n'aurait pu arracher l'homme perdu à sa misère et à sa situation sans issue[16] ».

Une preuve d'amour de Dieu. Aussi surprenant que cela puisse paraître[17], les premiers chrétiens interprétèrent la crucifixion de Jésus comme une preuve de l'amour rédempteur de Dieu. Non seulement l'amour du Christ, mais encore l'amour du Père. « Dieu – écrit Paul – prouve son amour envers nous en ce que lorsque nous étions encore des pécheurs Christ est mort pour nous (Rm 5.8 ; cf.

---

[12] Lc 22.44. On lira avec intérêt les remarques d'Ellen White sur cette tentation dans *Jésus-Christ*, p. 687-698.
[13] Oscar Cullmann a développé ce thème avec beaucoup de conviction dans le chapitre 2 de la première partie de son ouvrage *Christologie du Nouveau Testament*, Neuchâtel, Delachaux &t Niestlé, 1958, p. 48-73.
[14] Cf. Lc 9.22 ; Mc 8.31 ; Lc 24.7, 26 ; Ac 17.3.
[15] Walter Grundmann, article « *Dei, deon esti* », in Gerhard Kittel (éd.), *Theologisches Wörterbuch zum Neuen Testament*, vol. II, Stuttgart, Kohlhammer, 1935, p. 21-25.
[16] Ellen White, *Premiers écrits*, Mountain View, Editions Inter-Américaines, 1970 (1ère édition en anglais 1882), p. 127.
[17] Donald Baillie remarque avec raison qu'« on aurait pu s'attendre à les voir [...] perdre confiance en l'amour de Dieu. La crucifixion semblait en effet rendre absurde toute foi en un monde dirigé par un Dieu bienveillant » (*God was in Christ*, New York, Charles Scribner's Sons, 1948, p. 184).

Ep 2.4-5). Dans la croix, Paul voit une démonstration de l'amour du Christ qui donna sa vie, et de l'amour du Père qui consentit à livrer son Fils.

Au lieu d'y voir un scandale ou une absurdité, l'Eglise primitive discerna dans l'événement de la croix un témoignage de l'amour et du dessein de Dieu[18]. Emerveillée, elle en vint à reconnaître une vérité fondamentale : la crucifixion de Jésus-Christ était la voie choisie par Dieu pour résoudre le problème du mal. « Dieu, – triomphe Paul – était en Christ, réconciliant le monde avec lui-même » (2Co 5.19). C'est pourquoi nous aussi prêchons Jésus-Christ, et Jésus-Christ crucifié.

La mort du Christ : sa signification

Après avoir examiné le témoignage du Nouveau Testament relatif à la crucifixion du Christ, je voudrais en considérer brièvement la signification. La question n'est pas sans importance puisqu'il s'agit du but même de la mort de Jésus[19].

Le témoignage de Paul

Le témoignage de Paul devrait, ici, nous être particulièrement utile. Nul autre, dans le Nouveau Testament, n'a autant écrit sur le sujet. Le premier contact de l'apôtre avec le Seigneur ressuscité[20] marqua un tournant radical dans la théologie de Saul de Tarse. La croix allait occuper le centre même de sa prédication. Jésus-Christ n'était plus simplement un maître ou un exemple, mais le Sauveur, le Rédempteur. Une puissance nouvelle marquait la vie de Paul, une puissance qu'il ne pouvait séparer de la croix du Calvaire : « La prédication de la croix… pour nous qui sommes sauvés, est une puissance de Dieu » (1Co 1.18)[21].

Christ est mort pour nous. Christ mourut « pour » nos péchés, il fut crucifié « pour » nous. Tel est le fondement de l'interprétation paulinienne de la croix. Christ « a été livré pour nos offenses » (Rm 4.25), il « est mort pour nos péchés » (1Co 15.3), et « s'est donné lui-même pour nos péchés » (Ga 1.4). Paul confesse également que Christ « est mort pour des impies » (Rm 5.6), pour des « pécheurs » (Rm 5.8). Il est mort « pour nous » (1Th 5.10), ou encore « pour tous » (2Co 5.14). Christ avait déjà décrit sa mort dans des termes semblables.

---

[18] Cf. Ac 2.23, 38-39 ; 3.17-19, 26 ; 4.27-28.
[19] Trois théologiens, au XXe siècle, ont plus particulièrement marqué l'étude au sujet de la rédemption : un catholique français, Jean Rivière ; un pasteur méthodiste anglais, Vincent Taylor ; et un anglican d'Australie, Leon Morris.
[20] Sur le chemin de Damas, Ga 1.11-19. Cf. Ac 9.1-19 ; 22.3-16 ; 26.9-18.
[21] Voir également 1Co 2.4-5 ; 4.20 ; 2Co 13.4 ; Ep 3.20 ; 1Th 1.5.

Aux disciples, il déclare : « Ceci est mon corps, faites ceci en mémoire de moi » (Lc 22.19). C'est pourquoi nous parlons de la mort du Seigneur comme d'une mort « vicaire », c'est-à-dire soufferte pour d'autres, pour leur bien.

Les divergences ne manquent pas quant à l'interprétation à donner à l'expression « pour nous ». On a souvent distingué entre « en notre faveur » (*huper*) et « à notre place » (*anti*)[22]. Comme beaucoup, je crois que l'Ecriture ne permet pas une distinction aussi catégorique. « A la place de » et « en faveur de » ne s'excluent ni ne se contredisent. La mort du Christ survint « en notre faveur » parce qu'elle eut lieu « à notre place ». « Nous estimons – écrit Paul – que si un seul est mort pour tous, tous sont donc morts » (2Co 5.14). La mort du Christ est une mort substitutive.

La mort du Christ : un sacrifice. Il arrive à Paul de voir la mort du Christ comme un sacrifice. Le concept de sacrifice sanglant, et de son efficace sur les rapports entre Dieu et l'homme, paraît repoussant à nombre de nos contemporains. Un certain nombre de théologiens ont cherché à atténuer cet aspect de la théologie paulinienne[23]. Il est cependant difficile d'ignorer l'enseignement de l'apôtre. Il affirme, par exemple, que Christ nous a aimés et s'est « livré lui-même à Dieu pour nous comme une offrande et un sacrifice de bonne odeur » (Ep 5.2). Il songe indiscutablement à un sacrifice lorsqu'il certifie que « Christ, notre Pâque, a été immolé (1Co 4.7). Des déclarations de ce genre voient dans la mort du Christ le moyen choisi par Dieu pour apporter une solution au péché[24].

Le sang du Christ. Parfois Paul préfère parler du « sang » du Christ. Il dira, par exemple, que Dieu a destiné son Fils à être « par son sang [...] victime propitiatoire » (Rm 5.9). C'est « par son sang » que nous avons la rédemption, la rémission des péchés (Ep 1.7)[25].

Certains ont essayé de montrer que dans les Ecritures le terme « sang » signifie essentiellement « vie » ; qu'en l'occurrence c'est de vie qu'il s'agit, et non de

---

[22] Cf. Henry Liddell et Robert Scott, *A Greek English Lexicon*, (Oxford, Clarendon Press, 1940) pour l'usage classique des deux prépositions ; et James Moulton et George Milligan, *The Vocabulary of the Greek New Testament* (London, Hodder and Stoughton, 1952) pour la *koinē*.
[23] Ernst Käsemann en est un récent exemple. Il affirme que chez Paul « la notion de mort sacrificielle est [...] reléguée à l'arrière-plan » (*Perspectives on Paul*, Philadelphia, Fortress Press, p. 42-45) ; cf. Vincent Taylor, *The Atonement in New Testament Teaching*, London, Epworth Press, p. 185-190.
[24] Leon Morris, *The Cross in the New Testament*, Grand Rapids, Eerdmans, 1965, p. 257. On constatera avec intérêt que trois expressions cultiques font partie du langage de Jésus lors de l'institution de la Cène (1Co 11.23-26 ; Mc 14.22-25) : « sang » (Lv 17.11), « alliance » (Ex 24.8) et « répandu » (Lv 4.7-8).
[25] Voir également Col 1.20 ; Ep 2.13 ; 1Co 10.16. Cf. Ellen White, *Testimonies for the Church*, vol. 2, Mountain View, Pacific Press, 1948, p. 208-209.

mort[26]. Cependant, une étude attentive de l'Ancien Testament indique que les Hébreux employaient généralement le mot « sang » dans le sens de mort violente, de mort mettant fin à la vie[27]. C'est là précisément la pensée de Paul. Tout comme il me semble futile et contraire au sens des Ecritures d'isoler la vie du Christ de sa mort, il me paraît difficile de voir dans ces passages autre chose qu'une référence à la mort violente qu'il subit.

Rachetés de la malédiction de la loi

Notre salut, toutefois, dépend non seulement de la mort du Christ, mais encore d'une mort particulière, celle de la croix. Paul spécifie que Christ se rendit obéissant jusqu'à la mort, « même jusqu'à la mort de la croix » (Ph 2.8). Il voit un rapport étroit entre ce type de mort et la malédiction qui marque l'homme pécheur. « Christ – écrit-il – nous a rachetés de la malédiction de la loi, étant devenu malédiction pour nous, car il est écrit : "Maudit quiconque est pendu au bois" » (Ga 3.13 ; cf. Dt 21.22-23). Etre pendu au bois, publiquement, était considéré, d'après le passage du Deutéronome, comme une manifestation du jugement de Dieu. Dans un contexte essentiellement sotériologique, Paul voit Christ, dans l'acte de crucifixion, devenir malédiction pour nous. Sa mort provoque un changement radical : ceux qui se trouvaient sous la malédiction – la sentence de mort – sont à présent rachetés. Le verbe « racheter » (*exagorazō*)[28] indique qu'un prix a été payé. La notion de coût est indiscutablement présente. A la suite de cet acte de rachat, de rédemption, les hommes sont « justifiés » (Ga 3.8, 11), reçoivent le don de l'Esprit (Ga 3.14 ; 4.6) et, libérés de l'esclavage du péché, deviennent fils de Dieu (Ga 4.5-7)[29].

Le concept de réconciliation

Rachetés, nous sommes aussi réconciliés. C'est sous la notion de réconciliation que les Ecritures résument l'œuvre du Christ en faveur des hommes.

---

[26] Voir par exemple Henry Trunbell, *The Blood Covenant*, New York, Charles Scribner's Sons, 1885 ; Frederick Hicks, *The Fullness of Sacrifice*, London, Macmillan, 1930 ; Vincent Taylor, *Jesus and His Sacrifice*, London, Macmillan, 1948.
[27] Cf. Alan Stibbs, *The Meaning of the Word « Blood » in Scripture*, London, Tyndale Press, 1947 ; et plus particulièrement Leon Morris, *The Apostolic Preaching of the Cross*, London, Tyndale Press, 1955, ch. III « The Blood » (p. 112-128).
[28] Cf. Friedrich Büchsel, article « *agorazō, exagorazō* », in Gerhard Kittel (éd.), *Theologisches Wörterbuch zum Neuen Testament*, vol. I, Stuttgart, Kohlhammer, 1935, p. 125-128.
[29] Cf. Ellen White, *Patriarches et prophètes*, Dammarie-lès-Lys, Signes des temps, 1972 (1ère édition en anglais 1890), p. 506-507. Ici, le vocabulaire de la rédemption est étroitement associé à celui de libération (cf. Rm 8.21 ; 1Co 7.22-23 ; Ga 5.1, 13).

Réconciliés avec Dieu. Cette notion s'exprime de diverses manières. Cependant, chaque fois qu'elle est introduite, il est clair qu'elle touche au cœur même de l'Evangile. Il y a tout d'abord le terme « réconciliation » (*katallagē*). Paul l'emploie pour décrire une relation de paix et de confiance, une étroite communion. Nous sommes, dit-il, « réconciliés avec Dieu par la mort de son Fils » (Rm 5.10). Par lui nous avons « obtenu la réconciliation » (Rm 5.11), car Dieu était en Christ, « réconciliant le monde avec lui-même » (2Co 5.19).

Cette réconciliation, opérée par Christ, met un terme à l'état antérieur d'inimitié (Rm 5.10 ; Col 1.21). Elle est opérée par la mort de Christ, lequel devint péché pour nous (2Co 5.21). Dieu lui-même, commente Karl Barth, le considéra et le traita comme un pécheur[30]. La notion de réconciliation implique l'abolition de tout obstacle, l'« accès » au Père ouvert par la croix du Christ (Ep 3.12)[31]. Cette interprétation paulinienne de la croix est à ce point fondamentale que Paul la considère comme la substance même de la parole évangélique. Dieu, souligne-t-il, « a mis en nous la parole de réconciliation » ; c'est pourquoi, « nous vous en supplions au nom de Christ : Soyez réconciliés avec Dieu » (2Co 5.19-20).

Expiation/propitiation. Paul use aussi d'une autre catégorie pour exprimer la doctrine de réconciliation par la croix du Seigneur : *hilanos* et les termes apparentés[32]. Jean l'emploie également lorsqu'à propos du Christ il note qu'« il est lui-même une victime expiatoire pour nos péchés » (1Jn 2.2), ou que Dieu « a envoyé son Fils comme victime expiatoire pour nos péchés » (1Jn 4.10).

La notion d'expiation exprimée par le groupe *hilasmos*[33] souligne essentiellement le moyen par lequel la réconciliation fut opérée. C'est ainsi que, d'après Paul, « Dieu a destiné [Jésus-Christ], par son sang, à être pour ceux qui croiraient une victime propitiatoire (*hilastērion*) » (Ro 3.25). Aux yeux de Paul, Christ est le *hilastērion*, celui qui par sa mort ôte le péché et opère la réconciliation.

L'amour du Père. Faut-il dans Romains 3.25 traduire *hilastērion* par l'emploi du terme « propitiation » ou par « expiation » ? Le premier implique une notion d'apaisement, de colère apaisée par un sacrifice. Le second, celle d'un châtiment infligé ou subi en compensation d'un délit commis. Ceux qui connaissent les travaux de Leon Morris sont au courant des difficultés du problème[34]. Il m'est

---

[30] Karl Barth, *Dogmatique*, IV, I*, Genève, Labor et Fides, 1966, 180-181.
[31] Cf. Rm 5.2 ; 1P 3.18-19.
[32] Cf. Friedrich Büchsel et Johannes Ferrmann, article « *hileōs, hilaskomai, hilasmos, hilastērion* », in Gerhard Kittel (éd.), *Theologisches Wörterbuch zum Neuen Testament*, vol. III, Stuttgart, Kohlhammer, 1935, p. 320-324.
[33] On trouve *hilaskomai* dans Lc 18.13 ; He 2.17 ; *hilasmos* dans 1Jn 2.2 ; 4.10 ; *hilastērion* dans Rm 3.25 ; He 9.5.
[34] Leon Morris, *The Apostolic Preaching of the Cross*, p. 125-185.

impossible d'en traiter ici. Je dirai simplement que les conclusions tirées par Morris, et d'après lesquelles le terme *hilastērion* dans ce passage souligne au moins tout autant – sinon davantage – la notion de « propitiation », ont été confirmées par les recherches de Roger Nicole et de David Hill[35]. Compte tenu, cependant, du contexte plus général du Nouveau Testament tel que nous l'avons esquissé dans ces pages, « expiation » me paraît traduire plus complètement la pensée de Saint Paul.

Il n'en demeure pas moins, cependant, qu'une étude attentive du contexte des trois premiers chapitres de l'épître aux Romains, et de l'accent placé dans ces chapitres sur le jugement et la colère de Dieu[36], exige que nous retenions l'élément de propitiation, de détournement de la colère divine. Non pas dans le sens païen de calmer et d'assouvir Dieu. La mort du Christ ne transforma pas les sentiments de Dieu à notre égard, nous ouvrant ainsi la voie de la réconciliation dont nous avons parlé. Il n'est nul besoin, en Dieu, d'un changement de ce genre. Au contraire. Tout comme Paul[37], Jean atteste que l'amour consiste non point en ce que nous ayons aimé Dieu, mais « en ce qu'il nous a aimés, et a envoyé son Fils comme victime expiatoire pour nos péchés » (1Jn 4.10 ; cf. Jn 3.16). « Le Père nous aime – confirme Ellen White – non pas à cause du grand sacrifice propitiatoire, mais il y pourvut parce qu'il nous aime[38] ». Grâce au sacrifice substitutif du Christ, le pécheur repentant n'est plus l'objet de la colère divine.

La signification de la croix

Il est incontestable que la croix du Christ révèle l'énormité du péché de l'homme. Elle est aussi la révélation suprême de l'amour infini de Dieu pour l'homme. S'identifiant avec les pécheurs durant son ministère sur la terre, Christ, à la croix, se soumit au jugement divin sur le péché de l'homme comme s'il eut été lui-même pécheur. Sa mort nous apporte l'assurance que s'il est mort pour tous, il a aussi souffert la mort de tous. C'est cette intelligence de la mort du Christ qui « nous presse », qui nous attire à lui (2Co 5.14), si bien que nous

---

[35] Roger Nicole, « C. H. Dodd and the Doctrine of Propitiation », *Westminster Theological Journal* 17 (1954-55), p. 117-157 ; David Hill, *Greek Words and Hebrew Meaning*, Cambridge, University Press, 1967, p. 23-48. Le point de vue opposé a été soutenu par Charles Dodd, *The Bible and the Greeks*, London, Hodder and Stoughton, 1935, p. 82-95.
[36] Rm 1.18 ; 2.5, 8, 12 ; 3.5-6, 19.
[37] Rm 5.8 ; 8.32.
[38] Ellen White, « Bible Echo » (1er août 1892) ; cf. Ellen White, *Jésus-Christ*, p. 688-689. Charles Dinsmore remarque très judicieusement qu'« il y avait une croix dans le cœur de Dieu avant celle qui fut plantée sur une colline en dehors des murailles de Jérusalem » (*Atonement in Literature and Life*, p. 23, cité par Donald Baillie, *op. cit.*, p. 194).

ne vivons plus pour nous-mêmes mais pour celui qui mourut à notre place et ressuscita des morts. C'est là l'objet de la troisième partie de notre étude.

La mort du Christ : son appropriation par la foi

Nous avons constaté que les auteurs sacrés ne se font aucune illusion quant à l'état spirituel de l'homme. Ils décrivent avec autant de réalisme le remède divin au péché. Il nous faut à présent considérer un autre aspect de la mort du Seigneur : sa puissance de régénération, l'influence re-créatrice de la mort du Christ dans la vie du croyant.

La rédemption : objective ou subjective ?

L'Ecriture nous enseigne que si la croix du Christ a vu le jour dans le dessein éternel de Dieu (Ac 3.18 ; 4.27-28), elle n'en est pas moins un événement authentiquement historique. La crucifixion de Jésus survint en un temps et un lieu spécifiques. Ces deux aspects – éternel et historique – de la mort du Christ sont le fondement de la prédication de Pierre au jour de la Pentecôte (Ac 2.23).

Il s'agit bien d'un événement historique[39], survenu il y a 2000 ans aux portes de Jérusalem. Historique, et qui eut lieu une fois pour toutes. C'est ce que le Nouveau Testament cherche à exprimer par l'emploi d'*hapax* et *eph apax*, « une fois pour toutes » (1P 3.18 ; He 7.27 ; 9.12 ; 10.10).

Le sacrifice du Christ est donc bien un fait objectif. Et cependant, demande Donald Baillie, s'agit-il d'une « réalité objective », d'un acte accompli par le Christ, établi et accepté par Dieu pour l'expiation du péché de l'homme indépendamment du fait de notre acceptation ou de la manière dont il nous affecte ? Ou s'agit-il, au contraire, d'un « événement subjectif », d'une démonstration de l'amour de Dieu, destinée à nous pousser à la repentance et à suivre l'exemple d'abnégation du Christ[40] ? La mort du Christ était-elle appelée à satisfaire les exigences de l'honneur ou de la justice de Dieu (Anselme, Calvin), ou simplement à modifier la nature de nos relations avec Dieu dont l'amour et la miséricorde ont toujours été définis (Abélard, Socinus) ?

C'est à tort que l'on sépare ces deux éléments. Ils font tous deux partie du sacrifice rédempteur du Christ.

---

[39] L'une des défenses les plus vigoureuses de l'historicité du Calvaire est celle de Karl Barth dans *Dogmatique* (IV, I*, p. 222-297).
[40] Donald Baillie, *op. cit.*, p. 197-198.

L'aspect objectif de la rédemption

Qu'entendons-nous par aspect « objectif » de la rédemption ? Je sais que pour beaucoup il s'agit là de pur paganisme. Ce qui est réellement « objectif » dans le sacrifice rédempteur du Christ, ce n'est pas l'offrande à Dieu d'un sacrifice appelé à l'apaiser, mais bien plutôt le fait que Dieu lui-même pourvut au sacrifice. Il s'agit d'un événement dont la source est en Dieu et qui pour l'éternité transforma la destinée de l'homme. Mais la croix n'est pas simplement une démonstration de l'amour de Dieu. Elle conduisit à un changement en Dieu. J'ai déjà souligné le fait que les sentiments de Dieu envers nous ont été invariablement les mêmes de toute éternité. Il n'y avait là rien à changer. Ce qui changea, ce fut sa façon d'agir à notre égard[41]. Dieu nous a aimés d'un amour inaltérable, même quand nous méritions plus particulièrement l'expression de sa juste colère. Il n'a cessé de nous aimer. Il ne pouvait cependant exercer sa miséricorde envers le monde rebelle, il ne pouvait restaurer une pleine communion avec chacun de ses membres, tant qu'un acte de jugement n'avait pas modifié les rapports introduits par le péché de l'homme[42].

Le jugement de Dieu sur le péché. Ce qui ouvrit la voie à notre réconciliation avec Dieu est le jugement prononcé par Dieu sur le péché. Christ ne mourut pas simplement pour nous pousser à la repentance. Le Nouveau Testament affirme qu'outre cela, la croix permit à Dieu de nous pardonner nos péchés. Christ mourut, écrit Paul, afin de « montrer la justice de Dieu », si bien que Dieu fut « juste, tout en justifiant celui qui a la foi en Jésus » (Rm 3.26).

La croix révèle le jugement de Dieu sur le péché, la condamnation de celui-ci (Rm 8.3). Dieu en révéla l'horreur en abandonnant le crucifié. C'était là le jugement de Dieu sur le péché. Christ, pour sa part, en mourant une mort substitutive, satisfit aux justes exigences de la loi de Dieu. Il donna au Père – qui nous aime – le droit de nous pardonner. La croix nous révèle un Dieu à la fois « juste », et le « justificateur » de ceux qui ont foi en Jésus (Rm 3.26)[43].

---

[41] On lira avec profit les observations de Peter Forsyth sur ce sujet, plus particulièrement *The Work of Christ*, London, Hodder & Stoughton, 1910, p. 97-137.
[42] Seule la mort du Christ pouvait assurer le salut éternel du pécheur. Cf. Ellen White, *Conquérants pacifiques*, Dammarie-lès-Lys, Signes des temps, 1980 (1ère édition en anglais 1911), p. 186 ; Ellen White, *Premiers écrits*, p. 127, 152 ; Ellen White, *Le meilleur chemin*, Dammarie-lès-Lys, Vie et Santé, 2000 (1ère édition en anglais 1892), p. 29-30 ; Ellen White, *Messages choisis*, vol. 1, p. 282-283.
[43] La croix révèle l'amour et la justice de Dieu. Cf. Ellen White, *Messages choisis*, vol. 1, p. 409-410 ; Ellen White, *Patriarches et prophètes*, p. 54, 297-298 ; Ellen White, *Sons and Daughters of God*, Washington, Review and Herald, 1955, p. 243 ; Ellen White, *La tragédie des siècles*, Dammarie-lès-Lys, Signes des Temps, 1926 (1ère édition en anglais 1911), p. 546-547, 707 ; Ellen White, *Jésus-Christ*, p. 626, 766-767 ; Ellen White, *Testimonies for the Church*, vol. 4, Mountain View, Pacific Press, 1948, p. 503.

Le jugement de Christ sur le péché. La mort du Seigneur témoigne aussi de l'attitude de Christ à l'égard du péché[44]. Durant les jours de sa chair, Jésus manifesta l'opposition la plus déterminée à l'égard du péché, non seulement en paroles (Mc 1.5 ; Mt 12.39 ; Lc 11.13)[45], mais encore en refusant tout compromis (Mt 4.4-10) quand bien même il lui faudrait mourir pour autant de la main des pécheurs. Il résista « jusqu'au sang » dans sa lutte contre le péché (He 12.4). En Gethsémané, il se soumit humblement au jugement de Dieu sur le péché, se livrant lui-même à Dieu « comme une offrande » (Ep 5.2). Il considéra sa mort comme l'accomplissement de la volonté de Dieu (Mt 27.46 ; Mc 8.31 ; Lc 22.39-43), reconnaissant à Dieu le droit d'agir comme il le faisait à l'égard du péché. Il voyait un rapport étroit entre sa mort et la sainteté de Dieu[46]. A ses yeux, la rédemption des pécheurs était étroitement liée à la justification de la sainteté de Dieu, une fois pour toutes, à la croix. C'est pourquoi la crucifixion nous révèle à la fois l'amour miséricordieux de Dieu et la sainteté de cet amour[47].

Son appropriation « subjective »

Pour le Nouveau Testament, la crucifixion est un événement objectif, et répond à une nécessité en Dieu. C'est là son aspect « objectif ». Elle comporte également une dimension « subjective ». La rédemption, assurément, est un fait historique. Mais en ce qui me concerne, aussi longtemps qu'elle se limite à cela, elle n'a pour moi aucun sens salvateur. La rédemption objective doit être subjectivement appropriée[48]. Que je l'admette ou non, Christ est mort pour mes péchés. Ce fait, cependant, reste sans valeur pour quiconque ne l'approprie subjectivement, c'est-à-dire n'accepte le salut de Dieu par un acte de repentance et de foi en Jésus-Christ[49].

---

[44] Hugh Mackintosh, *The Christian Experience of Forgiveness*, London, Nisbet and Co., 1927, p. 198-206 ; Lesslie Newbigin, *Sin and Salvation*, London, SCM Press, 1956, p. 73-80.
[45] Cf. Mc 2.17 ; 4.22 ; Mt 9.13 ; Mt 23 ; Mc 2.5 ; Lc 18.19.
[46] Cf. Jn 5.30 ; 8.28-29 ; 12.24, 27.
[47] Insistons une fois de plus sur la nécessité de ne pas séparer la vie du Christ de sa mort. Christ confessa la sainteté de Dieu non seulement à l'heure de la mort, mais encore durant sa vie entière, dans ses actes et dans son enseignement. Bien que d'une importance fondamentale, la mort du Christ ne peut être séparée de sa vie.
[48] « Un fait objectif qui n'est pas saisi par la foi est, pour ceux qui n'entrent pas dans un rapport subjectif avec lui, comme s'il n'avait jamais eu lieu » remarque Robert Moberly (*The Atonement and Personality*, London, John Murraus, 1924, p. 141).
[49] Cf. Ellen White, *Le meilleur chemin*, p. 24-25 ; Ellen White, *Testimonies for the Church*, vol. 6, Mountain View, Pacific Press, 1948, p. 230-231 ; Ellen White, *Conquérants pacifiques*, p. 288 ; Ellen White, *Jésus-Christ*, p. 157. Voir Regin Prenter, *Creation and Redemption*, Philadelphia, Fortress Press, 1967, p. 441-451 ; Robert Moberly, *op. cit.*, p. 136-153 ; Emil Brunner, *The Mediator*, Philadelphia, Westminster Press, 1947, p. 515-535.

Le jugement de l'homme sur le péché. Il est impératif qu'un changement, une re-création, ait lieu en l'homme. C'est que notre réconciliation avec Dieu dépend d'un aveu, celui de la réalité du péché, du fait qu'il est rébellion contre Dieu, inimitié envers lui, et que le jugement divin sur le péché est juste. En mourant sur la croix, Jésus-Christ n'exprima pas seulement son accord avec Dieu sur ce point. Sa mort était aussi la confession, au nom des hommes, que ce jugement était juste et bon[50]. Mais qu'en est-il de nous ? Avons-nous compris que notre péché est essentiellement inimitié contre Dieu ? Christ prit notre place. Sommes-nous prêts à prendre la sienne ? Sommes-nous disposés à confesser avec lui la rectitude du jugement divin et à reconnaître que « tes voies sont justes et véritables, roi des nations » (Ap 15.3) ?

C'est en effet alors seulement que nous sommes « crucifiés avec Christ » (Ga 2.20). Seule la repentance peut produire ce fruit. Or se repentir, c'est changer d'état d'esprit, c'est renoncer au cœur rebelle pour en recevoir un autre[51]. Un tel renouvellement est au-delà de nos possibilités. Cherchant constamment des excuses, je n'ai pas conscience de la gravité du péché. Mais lorsque je saisis ce qui s'est passé au Calvaire, où le péché fut exposé dans toute son horreur ; où Jésus, le Saint de Dieu, humblement accepta le jugement divin, alors s'ouvre pour moi la voie de la repentance, comme pour le larron sur la croix. C'est au pied de la croix que je comprends pour la première fois la véritable nature du péché et ce que celui-ci a coûté à Dieu. C'est là que nous comprenons l'équité du jugement divin déclarant que le salaire du péché c'est la mort. Et nous l'acceptons comme Christ l'accepta pour nous il y a 2000 ans.

L'amen de la foi. Mais à la croix, je découvre également l'étendue de l'amour de Dieu. C'est contre Dieu que j'ai péché. Quand j'en viens à saisir que celui contre lequel je me suis révolté est venu sur terre porter le fardeau du péché et en souffrir le châtiment, un cœur nouveau bat en moi. D'abord la repentance, l'acceptation du jugement divin que Jésus avait accepté pour moi. Ensuite la foi, l'« amen » que l'œuvre de Dieu en Jésus-Christ arrache à mon cœur[52].

Cette capitulation, cet « amen », est en effet la foi. C'est aussi le fruit de l'Esprit. Et quiconque, par l'Esprit, comprend et accepte cela, est à la fois jugé et pardonné, car « il n'y a plus maintenant de condamnation pour ceux qui sont en Jésus-Christ » (Rm 8.1). Il entre dans une communion nouvelle avec Dieu, sous l'angle duquel il voit toutes choses. Il est justifié « par la foi en Jésus-Christ »

---

[50] Peter Forsyth, *The Work of Christ*, p. 206-210.
[51] Johannes Behm et Ernst Würthwein, article « *metanoeō, metanoia* », in Gerhard Kittel (éd.), *Theologisches Wörterbuch zum Neuen Testament*, vol. IV, Stuttgart, Kohlhammer, 1935, p. 972-1004.
[52] Lesslie Newbigin, *op. cit.*, p. 97-100.

(Ga 2.16). Il est « en Christ », non avec sa propre justice mais avec « celle qui s'obtient de Dieu par la foi en Christ » (Ph 3.9)[53].

Christ n'est pas seulement le « oui » de Dieu, il est aussi l'« amen » du croyant, « prononcé par nous à la gloire de Dieu » (2Co 1.20). Christ offrit à Dieu, en faveur et à la place des hommes, une obéissance parfaite. Ceux qui sont « en lui » se tiennent devant le Père revêtus non de leurs péchés, mais de la justice du Christ. Ils sont non seulement rachetés, mais gagnés à Dieu. Dieu a renouvelé leur esprit. Ils sont acquis à ses vues.

Une nouvelle création

Ajoutons un dernier fait. Condamnation à mort prononcée par Dieu sur le péché, la croix est aussi le don d'une vie nouvelle. « Régénéré... par la Parole vivante et permanente de Dieu » (1P 1.23), le chrétien s'engage dans une expérience de croissance et de lutte quotidienne contre le péché (Rm 6.12-14 ; 12.1-2). Christ qui souffrit pour mon péché m'invite à mourir au péché. Il mourut sur la croix, non pour que nous échappions à celle-ci, mais afin qu'à notre tour nous puissions nous charger de notre croix et le suivre (Mc 8.34-35). Son obéissance, loin d'annuler la nôtre, l'a rendue possible. Après nous voir rachetés de la condamnation du péché, il veut nous délivrer de sa puissance.

Notre souverain sacrificateur. Cet aspect du ministère du Christ fait partie de son sacerdoce céleste (He 8.1-2). Après s'être offert une fois pour toutes pour nos péchés, il poursuit un ministère d'intercession en notre faveur (Rm 8.33-34 ; He 4.14-16)[54]. Lui qui nous a sauvés nous invite à croître dans une communion chaque jour plus intime avec lui (Ep 4.15)[55].

Sa victoire finale. Sur la croix, Christ vainquit le péché et les puissances démoniaques[56]. Par la foi, nous participons à cette victoire, réelle bien qu'encore incomplète. Il nous reste chaque jour à « faire mourir les membres qui sont sur la terre » (Col 3.5). La mort est encore cruellement présente, et le malin ne sera finalement détruit qu'au « dernier jour » (1Co 15.24-25) ; Ap 20.10)[57].

Les puissances du mal n'en furent pas moins défaites au Calvaire. La victoire du Christ sur la croix fut décisive. Le conflit, il est vrai, n'est pas terminé, mais la

---

[53] Et cela parce que « comme par une seule offense la condamnation a atteint tous les hommes, de même par un seul acte de justice ("par l'obéissance d'un seul", v. 19) la justification qui donne la vie s'étend à tous les hommes » (Rm 5.18).
[54] Ac 5.30-31 ; He 7.23-25 ; 9.24 ; 10.19-25 ; 1Jn 2.1-2.
[55] Cf. Col 1.10 ; 1P 2.2 ; 1Th 3.12.
[56] L'importance du thème néotestamentaire de la victoire du Christ sur les puissances du mal a été démontrée par Gustaf Aulén, *The Faith of the Christian Church*, Philadelphia, Muhlenberg Press, 1948.
[57] Robert Culpepper, *op. cit.*, p. 146-150 ; Leon Morris, *The Cross in the New Testament*, p. 259.

promesse du retour du Seigneur en garantit l'issue. En attendant « la bienheureuse espérance » (Tt 2.13) l'Eglise est, dans les mains de Dieu, un instrument de réconciliation. Jusqu'à la fin, sa vocation est de proclamer, par la parole, le culte, et par sa vie entière, l'« Evangile éternel », le message de ce que Dieu a accompli en Jésus-Christ. Aujourd'hui, plus que jamais, l'Eglise de Dieu est la communion des croyants et des fidèles qui seule peut annoncer l'« histoire sainte », c'est-à-dire confesser parmi les hommes que « Dieu était en Christ, réconciliant le monde avec lui-même, en n'imputant point aux hommes leurs offenses », et qu'« il a mis en nous la parole de réconciliation » (2Co 5.19).

« Il faut que le Fils de l'homme soit tué ».
Les sens de la mort (et de la résurrection) de Jésus-Christ selon les auteurs du Nouveau Testament

Luca Marulli[1]

Au sein du judaïsme de l'époque de Jésus, le messie – lorsqu'attendu, annoncé et espéré – n'est pas souffrant, mais conquérant, victorieux et maître de la Torah. Jamais la notion de « serviteur souffrant » (cf. Es 53) n'avait été appliquée au messie[2]. La crucifixion de Jésus a ainsi été une véritable pierre d'achoppement aussi bien pour ses premiers disciples que pour ceux qui en ont entendu parler par la suite.

Les Romains se servaient du supplice de la croix en tant que moyen de punition, d'humiliation et de dissuasion[3]. Les Juifs considéraient celui qui était pendu au bois (crucifié inclus) comme frappé de malédiction (Ga 3.13, citant Dt 21.23). Il est donc tout à fait normal que, parmi les plus anciens documents du Nouveau Testament, la mort de Jésus soit définie comme une « cause de chute » (1Co 1.23), un « scandale » et une « folie » (Ga 5.11 ; 1Co 1.23) : elle était une réponse inadéquate à l'attente de l'établissement d'un royaume imminent et glorieux (Mc 11.10 ; cf. Ac 1.6). Il est également tout aussi logique de rencontrer des témoignages moqueurs à l'égard de ce messie crucifié et de ses adorateurs. A titre d'exemple, le graffito d'Alexamenos, daté entre la fin du Ier siècle et le début du IIIe, retrouvé dans le *Paedagogium* du palais impérial de Domitien, à Rome, est

---

[1] Luca Marulli est maître de conférences en Nouveau Testament à la Faculté adventiste de théologie de Collonges-sous-Salève (France).
[2] Rudolf Bultmann, *Theology of the New Testament. Vol. 1*, New York, Charles Scribner's Sons, 1951 (1e éd. 1948), p. 47-48. Roy Rosenberg, « The slain messiah in the Old Testament », *Zeitschrift für die alttestamentliche Wissenschaft* 99 (1987/2), p. 259-261.
[3] Voir à ce propos le témoignage de Flavius Josèphe, *Vie* 76 ; *Antiquités des Juifs* 12.5.4 ; 13.14.2 ; 17.10.10 ; 18.3.3-4 ; 20.5.2 ; *Guerre des Juifs* 4.5.2 ; 5.6.5 ; 5.11.1.

la plus ancienne représentation de Jésus crucifié : ce dernier a la tête d'un âne et est vénéré par un certain Alexamenos dont l'inscription, peu élogieuse, précise qu'il « adore (son) dieu[4] ».

On assiste pourtant, et assez rapidement, à une subversion du sens de la croix par les disciples de Jésus. Cet instrument de condamnation et de mort humiliante devient le symbole de la miséricorde de Dieu et du don de soi de la part du Christ. Jésus, par sa proclamation accompagnée de miracles d'un côté, et sa destinée souffrante de l'autre, est qualifié de Fils de Dieu puissant *et* de Fils de l'Homme souffrant. Dans l'Apocalypse, alors que l'un des anciens annonce « le *lion* de la tribu de Juda », le prophète voit « un *agneau* debout qui semblait immolé » (Ap 5.5-6). Les apôtres, puisqu'au service de ce Christ d'abord thaumaturge et éloquent en parole, ensuite souffrant, puis exalté et enfin venant pour le « rétablissement de tout » (Ac 3.19-21), sont exhortés à modeler leur service sur l'exemple du Maître : leur fonction première n'est pas celle de régner, mais de témoigner, même au milieu des souffrances et des persécutions (Ac 1.22 ; 4.33). Le martyre devient ainsi le signe de la gloire (Jn 21)[5]. Comme l'écrit Zumstein : « Cette élection à la charge la plus haute ne conduit pourtant pas au succès et à la reconnaissance, mais au martyre. La gloire du pasteur universel – c'est-à-dire la manifestation de la réalité de Dieu à travers son engagement – se manifeste dans sa fidélité jusqu'à la mort, dans l'abaissement du martyre[6]. »

La croix sera indissociablement associée à l'identité chrétienne et Tertullien († 220) en donne un témoignage saillant :

> « S'agit-il de nous mettre en voyage ou de marcher, d'entrer ou de sortir, de nous habiller, de nous chausser, de descendre au bain, de nous mettre à table, de prendre de la lumière, de nous asseoir, ou d'entrer au lit, quelque chose que nous fassions, nous marquons notre front du signe de la croix[7]. »

La mort de Jésus en tant que « meurtre »

De quelle manière la mort de Jésus est-elle alors comprise et expliquée par les auteurs du Nouveau Testament ? Tout d'abord en tant que *meurtre*.

Jésus a été perçu comme une menace par les autorités juives[8]. Les recherches récentes sur le Jésus de l'histoire montrent qu'il a été perçu par la classe

---

[4] La photo du graffito est disponible sur Wikipedia.fr (Graffito d'Alexamenos).
[5] George Eldon Ladd, *Théologie du Nouveau Testament*, Charols, Excelsis, 2010 (1ᵉ éd. : 1974), p. 334-335 ; 351-353.
[6] Jean Zumstein, *L'Evangile selon Saint Jean (13-21)*, Genève, Labor et Fides, 2007, p. 316.
[7] Tertullien, *De la couronne du soldat* III, *Oeuvres complètes de Tertullien*, tome 2, Paris, Louis Vivès, 1852, p. 132-133, [en ligne], disponible sur http://www.tertullian.org/french/g2_04_de_corona_militis.htm.
[8] Adriana Destro et Mauro Pesce, « Jésus était-il un révolutionnaire politique ? Les raisons de la mort de Jésus », in : Andreas Dettwiler (éd.), *Jésus de Nazareth. Etudes contemporaines*, Genève, Labor et Fides,

sacerdotale comme une menace pour l'ordre public et que la décision de le tuer était de nature politique (éviter une éventuelle révolte) plutôt que religieuse. C'est la même raison que Flavius Josèphe donne pour l'exécution de Jean Baptiste par la main d'Hérode[9]. En effet, même dans Jean, le dernier évangile à avoir été rédigé, la critique que Jésus adresse aux prêtres, aux anciens, et à leur centre de pouvoir, le Temple, est socio-politiquement connotée[10]. A l'époque, c'est Rome qui choisit les grand prêtres et qui légitime le pouvoir des chefs locaux[11]. Jusqu'à la fin des années 30, la robe du grand prêtre était gardée dans la tour de la forteresse Antonia, située près du Temple et du bassin de Bethesda[12]. L'évangile selon Jean dénonce donc l'allégeance des autorités juives à César (Jn 6.15 ; 19.12-15) et explique le complot pour tuer Jésus comme un moyen d'éviter l'érosion de leur pouvoir et de leur statut (11.50-53 ; 12.9-19). De son côté, l'autorité romaine, la seule ayant le pouvoir de le tuer légalement, ne

---

2017, p. 218-228 ; Pierre Lémonon, « Les causes de la mort de Jésus », in : Daniel Marguerat, Enrico Norelli et Jean-Michel Poffet (éd.), *Jésus de Nazareth. Nouvelles approches d'une énigme*, Genève, Labor et Fides, 1998, p. 351-366 ; N. T. Wright, *Jesus and the Victory of God*, Minneapolis, Fortress Press, 1996, p. 551-552 ; Peter Stuhlmacher, « Pourquoi Jésus a-t-il dû mourir ? », *Hokhma* 40 (1989), p. 21-26,32 ; Gérard Pella, « 'Pourquoi m'as-tu abandonné ?' Marc 15,33-39 », *Hokhma* 39 (1988), p. 6 ; Thorwald Lorenzen, « The Meaning of the Death of Jesus Christ », *American Baptist Quarterly* 4 (1985), p. 4,19-22.

[9] Flavius Josèphe, *Ant.* 18.118, cité par Adriana Destro et Mauro Pesce, *op. cit.*, p. 217-218 ; voir aussi p. 231. Du même avis : Richard Bauckham, « Jesus' Demonstration in the Temple », in : Barnabas Liondars (éd.), *Law and Religion. Essays on the Place of Law in Israel and Early Christianity*, Cambridge, James Clarke, 1988, p. 86-89. Je signale en passant deux positions idiosyncratiques concernant les circonstances historiques invoquées pour la mort de Jésus. La première est celle d'Antony Harvey, *Jesus and the Constraints of History*, London, Duckworth, 1982, p. 16 : « Jésus aurait pu être une de ces victimes innocentes qui sont arrêtées par la police à un moment où le maintien de la paix est devenu difficile et où les forces de l'ordre sont dépassées, puis il aurait été arbitrairement mis à mort ». La deuxième, plus récente, est formulée par Justin Meggitt, « The Madness of King Jesus. Why was Jesus Put to Death, but his Followers were not? », *Journal for the Study of the New Testament* 29a (2007), p. 379-413 : Jésus aurait été perçu comme « homme dérangé et un lunatique trompeur », « un fou sans valeur, dangereux et perturbateur » (p. 379, 406).

[10] Warren Carter, *John. Storyteller, Interpreter, Evangelist*, Peabody, Hendrickson, 2006, p. 72-73.

[11] Flavius Josèphe, *Ant.* 18.2.2 : « Son successeur fut Tiberius Nero, fils de sa femme Julia ; ce fut le troisième empereur romain. Il envoya comme gouverneur de Judée Valerius Gratus, pour succéder à Annius Rufus. Celui-ci destitua de la prêtrise Anan et désigna comme grand pontife Ismael, fils de Phabi. Il le destitua peu après et investit du grand pontificat Eléazar, fils du grand pontife Anan. Une année après, l'ayant également privé de ses fonctions, il transmit le grand pontificat à Simon, fils de Camith. Celui-ci n'avait pas rempli cette charge pendant plus d'un an quand lui succéda Joseph, appelé aussi Caïphe. Gratus, après avoir fait cela, rentra à Rome ; il avait passé onze ans en Judée. Ponce Pilate lui succéda. » (Théodore Reinach (éd.), *Œuvres complètes de Flavius Josèphe*, vol. 4 : Antiquités judaïques, livres XVI-XX, Paris, Leroux, 1926).

[12] Flavius Josèphe, *Ant.* 18.4.3 (cf. 20.6-14) : « Vitellius, arrivé en Judée, monta à Jérusalem au moment de la fête nationale appelée la Pâque. Reçu avec magnificence, il fit remise aux habitants de l'ensemble des impôts sur la vente des récoltes. Il accorda aussi que le vêtement du grand-pontife et tous ses ornements fussent placés dans le Temple et gardés par les prêtres comme ils en avaient jadis la prérogative ; pour le moment, c'était dans la citadelle appelée l'Antonia qu'ils étaient déposés... »

semble pas s'être intéressée spontanément à Jésus. Si Pilate prend position, c'est parce que les autorités juives le dénoncent en tant qu'agitateur ayant des prétentions révolutionnaires, et représente donc une menace pour la loi, l'ordre et le statu quo[13].

Mais il faut également admettre que l'ascendant de Jean le Baptiseur et de Jésus sur les foules est mis en relation avec la dimension religieuse de leur action et de leur prédication. Le baptême de Jean au Jourdain est un rituel qui donne la possibilité d'obtenir le pardon en dehors du service sacrificiel du Temple. Dans ce sillage, la prédication de Jésus sur l'irruption du Royaume confirme le dépassement du rôle joué jusqu'alors par le Temple et par la classe sacerdotale. Dans l'action et la prédication de Jésus, la pureté rituelle n'est plus nécessaire pour entrer en communion avec Dieu, mais c'est la communion avec son Héraut, oint par l'Esprit (Mc 1.11), qui permet d'avoir accès à une dynamique de purification et d'intégration dans le Royaume[14].

Puisque Jésus, au nom de l'irruption du Royaume, entre en contact avec des personnes considérées comme impures, il est stigmatisé par les autorités religieuses en tant qu'impur et possédé (Mc 3.22 // Mt 12.24 // Lc 11.15 ; cf. Jn 8.48,52). Jésus propose également un élargissement du concept d'élection par la redéfinition du peuple de Dieu (Jn 8.39-47) : cela aussi lui vaut l'accusation d'être un démoniaque (v. 48-52). Aux yeux des autorités religieuses, Jésus est un faux prophète qui mérite d'être lapidé (cf. Dt 13.1-11), un blasphémateur qu'il faut éliminer (cf. Lv 24.16). Le Jésus johannique se fait égal à Dieu : un mensonge inacceptable qui, selon le point de vue des autorités religieuses, égare le peuple (Jn 7.12, 32-47) et requiert des mesures drastiques (Jn 8.59 ; 10.31-33 ; 11.8)[15].

A la lumière de ces éléments, la prédication primitive assume la mort de Jésus comme ayant les contours d'un véritable meurtre (Ac 2.23 ; 3.15). Dans les Actes des Apôtres, Pierre s'adresse aux « hommes d'Israël » (2.22) en ces termes : « vous l'avez supprimé en le faisant crucifier par des sans-loi » (v. 23). Jésus a été « livré » (v. 23). Matthieu utilise le même verbe pour mettre en exergue les

---

[13] Adriana Destro et Mauro Pesce, *op. cit.*, p. 218-228,232 ; Pierre Lémonon, *op. cit.*, p. 349 ; Peter Stuhlmacher, *op. cit.*, p. 32-33 ; Thorwald Lorenzen, *op. cit.*, 5, 19-22 ; N. T. Wright, *op. cit.*, p. 544-547 ; Ed P. Sanders, *Jesus and Judaism*, Philadelphia, Fortress Press, 1985, p. 296-318 (notamment p. 294).
[14] Christian Grappe, « Jésus : messie prétendu ou messie prétendant ? », in *Jésus de Nazareth. Nouvelles approches d'une énigme*, 272, 280-290 ; Christian Grappe, « Jésus et l'irruption du Royaume », in *Jésus de Nazareth. Etudes contemporaines*, p. 125-146 ; Raymond E. Brown, *La mort du Messie. Encyclopédie de la Passion du Christ, de Gethsémani au tombeau. Un commentaire des récits de la Passion dans les quatre évangiles*, Paris, Bayard, 2005 (1ᵉ éd. 1994), p. 449-455 ; Ben Meyer, article « Jesus Christ », in : *Anchor Bible Dictionary*, vol. 3, New York, Doubleday, 1992, p. 790-792.
[15] Warren Carter, *op. cit.*, p. 71-72.

maillons de cette chaîne homicide : Jésus a été *livré* par Judas (Mt 26.14-16), par les Prêtres (27.18) et par Pilate (27.26).

La mort de Jésus est expliquée en tant que meurtre perpétré à cause de ce qu'il a dit et de ce qu'il a fait : des paroles et des actes perçus comme des menaces du point de vue aussi bien socio-politique que religieux. Il est mort en tant que victime par la main de ceux qui n'ont pas su reconnaître en lui l'Envoyé de Dieu : il a été martyr de sa propre grandeur. La parénèse chrétienne va jusqu'à affirmer une coresponsabilité éthique vis-à-vis d'un tel acte infâme lorsque le croyant se détourne de son Sauveur (He 6.6).

La mort de Jésus en tant que « dessein de Dieu »

Pourtant, ce n'est pas cette compréhension de la mort de Jésus qui a déclenché le mouvement chrétien. Le sens de sa résurrection n'a pas été réduit à celui d'un retour à la vie d'un martyr. En fait, pour les auteurs du Nouveau Testament, la mort de Jésus transcende celle d'un héros ou d'un martyr. Elle est aussi et surtout expliqué en tant qu'« acte volontaire » (Jn 10.11,17-18 ; Ga 2.20 ; cf. Ep 5.2,25 ; Lc 23.46 [Es 53.12] ; Rm 8.32 [cf 4.25]) qui s'inscrit dans une « nécessité » annoncée (Lc 24.26-27 ; Ac 2.23 ; 3.15-21 ; 4.28). Ne pas consentir au don de soi constitue la plus grande tentation de Jésus (Mc 8.31-33 // Mt 16.21-23 ; Mt 4.1-11 // Lc 4.1-13)[16].

La mort de Jésus est ainsi liée au salut des êtres humains, car elle dénonce le pouvoir radicalement aliénant et déformant du Mal et du Péché et en propose une solution définitive[17]. C'est donc en tant que « don de Dieu » qu'il faut qu'il meure. Il consent à la pure initiative divine de sauver l'être humain victime de sa nature corrompue et dans l'impossibilité de se sauver lui-même. Le don de la

---

[16] Cet article explore la manière dont les auteurs du Nouveau Testament expliquent la croix. En ce qui concerne la manière dont le Jésus historique aurait pu comprendre sa propre mort, les avis sont partagés. D'un côté se situent ceux qui estiment que Jésus n'en a donné aucune explication (sinon comment expliquer le florilège d'interprétations proposées par les premiers chrétiens ?) ou qu'il est pratiquement impossible de parvenir à comprendre son propre point de vue (par ex. Rudolf Bultmann, *Das Verhältnis der urchristlichen Christusbotschaft zum historischen Jesu*, Heidelburg, Winter, 1960, p. 11-12 ; Christophe Senft, *Jésus et Paul*, Genève, Labor et Fides, 2002 (1ᵉ éd. : 1985), p. 59 ; François Vouga, *op. cit.*, p. 181). De l'autre côté, on trouve ceux qui pensent que Jésus avait accepté sa future exécution en tant que Serviteur souffrant qui s'offre pour le pardon des péchés et dans la perspective de la victoire du Dieu d'amour sur le mal (par ex. Marjorie Chambers, « Was Jesus Really Obedient unto Death? », *Journal of Religion* 50 (1970/2), p. 121-138 ; Daniel Antwi, « Did Jesus Consider His Death to be an Atoning Sacrifice? », *Interpretation : A Journal of Bible and Theology* 45 (1991/1), p. 17-28 ; Ben Meyer, article « Jesus Christ », in : *Anchor Bible Dictionary*, vol. 3, New York, Doubleday, 1992, p. 790-792 ; N. T. Wright, *op. cit.*, p. 610-611 ; James Sweeney, « The Death of Jesus in Contemporary Life-of-Jesus Research », *Trinity Journal* 24 (2003/2), p. 236-238, 240-241.

[17] Thorwald Lorenzen, *op. cit.*, p. 6.

vie de Jésus permet de briser le pouvoir qui assujettit l'homme en l'aliénant à Dieu par une malsaine et illusoire tendance à vouloir conquérir son propre salut, tendance qui l'amène à sa perdition[18].

En dépit des tentatives pieuses d'attribuer la mort de Jésus à la seule volonté divine[19], le témoignage d'Actes 2.23 montre que les deux perspectives, celle de la responsabilité humaine dans le meurtre de Jésus et celle du don de soi dans le contexte du dessein préétabli de Dieu, ne sont pas déliées mais, au contraire, articulées de manière indissociable dans la prédication chrétienne primitive[20]. La méchanceté humaine, fruit de l'assujettissement de l'être humain au pouvoir de la Mort, est *engloutie* par le dessein divin dont l'aboutissement, au travers de la mort et de la résurrection de Jésus, permet de vaincre ce pouvoir même (cf. 1Co 15.54).

Il est important de rappeler que la crucifixion de Jésus, tout en étant comprise comme un événement qui a son origine en Dieu (en tant que don de soi de la part du Fils de Dieu), n'est pas comprise par les chrétiens en tant qu'événement mythique, à savoir, comme le récit concernant une divinité qui meurt et revient à la vie en dehors du continuum spatio-temporel[21]. Le kérygme chrétien annonce bel et bien un événement historique dans lequel la sphère divine et la réalité humaine convergent (incarnation) et qui impose à tout être humain un choix face à la révélation subversive du Messie crucifié et à la nouvelle compréhension de l'homme devant Dieu[22].

L'emphase de la prédication primitive sur la mort de Jésus : un message polyphonique

Bien que pour les premiers chrétiens la possibilité d'une nouvelle vie et la puissance associée à la prédication de la Bonne Nouvelle s'expliquent par le fait

---

[18] Rudolf Bultmann, Theology of the New Testament. Vol. 1, p. 294-295.
[19] John Stott, *The Cross of Christ*, Downers Grove, InterVarsity Press, 1986, p. 61 cite l'attrayante exclamation d'Octavius Winslow : « Qui a livré Jésus à la mort ? Pas Judas, pour de l'argent ; pas Pilate, par peur : pas les Juifs, pour l'envie ; — mais le Père, par amour ! » (*No Condemnation in Christ Jesus. As Unfolded in the Eighth Chapter of the Epistle to the Romans*, 1857).
[20] Eclairante est l'étude de Frank Matera sur les Actes des Apôtres dans laquelle, suite à l'analyse d'Actes 2.23-24,36 ; 3.13-15,17 ; 4.10-11 ; 5.30 ; 7.52 ; 10.39-40 ; 13.27-29. Il montre que selon Luc : a) les habitants de Jérusalem et leurs dirigeants sont responsables de la mort de Jésus ; b) Pilate avait reconnu l'innocence de Jésus ; c) les habitants de Jérusalem étaient ignorants dans leur démarche, car ils ne savaient pas qu'ils étaient en train de crucifier le messie ; d) les habitants de Jérusalem ont ainsi paradoxalement accompli le dessein de Dieu ; e) la proclamation de Jésus en tant que Messie assis à la droite de Dieu provoque une division, selon leur réaction, au sein de la population. « Responsibility for the Death of Jesus According to the Acts of the Apostles », *Journal for the Study of the New Testament* 39 (1990), p. 77-93.
[21] Comme par exemple dans le mythe d'Osiris.
[22] Rudolf Bultmann, *op. cit.*, p. 294-295.

que Dieu a ressuscité Jésus des morts (Ac 4.10-12), il est tout aussi clair que la mort de Jésus n'est pas reléguée à un rôle secondaire. La mort *et* la résurrection de Jésus appartiennent au même acte de salut (Rm 4.25 ; 1 Co 15.3-4), auquel il faut intégrer également l'incarnation, car celui qui meurt et qui revient à la vie est bien le Fils de Dieu préexistant (Ph 2.6 ss ; 2Co 8.9 ; Rm 15.3). Ainsi, Christ est le Ressuscité (Rm 8.34 ; 2Co 5.15 ; 13.4), mais il est aussi annoncé en tant que Crucifié (1Co 1.23 ; 2.2 ; Ga 3.1), car l'Evangile est « la parole de la croix » (1Co 1.18)[23]. Les actes liturgiques élaborés par l'Eglise primitive, à savoir le baptême (cf. Rm 6.2-5) et l'eucharistie (cf. 1Co 11.23-26), tirent leur sens aussi bien de la mort que de la résurrection de Jésus[24].

La mort de Jésus, à la fois affreux meurtre mais aussi et surtout manifestation bouleversante d'un dessein subversif de Dieu, est comprise comme ayant joué un rôle capital pour le salut des êtres humains et dans la révélation du véritable visage de ce Dieu qui veut les arracher des puissances mauvaises pour les intégrer dans son éternité (1Co 15.28 ; 2 P 1.4). Mais comment expliquer ce rôle ? Comment élucider un événement si surprenant et comment l'expliquer à la lumière des Ecritures d'une manière à la fois accessible et crédible ?

Ce processus a pris du temps ; il s'est déroulé dans des contextes différents, par des penseurs chrétiens divers qui ont fait l'effort de rechercher le vocabulaire et les métaphores les plus adaptées pour le comprendre et ensuite l'expliquer en fonction de leur auditoire. Comme l'a remarqué Richard Hays, « le Nouveau Testament n'est pas un ensemble simple et homogène de doctrines. Il est plutôt une chorale à plusieurs voix. Ces voix sont différentes non seulement en rythme et en intonation, mais aussi au niveau de leur contenu[25] ». Ne pas le comprendre et s'obstiner à forcer les textes à parler de manière unilatérale, à l'unisson, limiterait notre perception de l'ampleur du message polyphonique de ces témoins et conduirait même à produire une distorsion de leurs intentions[26].

Concernant donc les manières dont les auteurs du Nouveau Testament expliquent comment la mort de Jésus apporte le salut, le lecteur respectueux de la Bible ne choisira pas *une* seule explication au détriment des autres. Il faudra plutôt comprendre chaque métaphore, les mettre les unes à côté des autres pour en apprécier les tensions et les convergences, ainsi que les forces et les limites de chacune d'elles. C'est alors seulement que la communauté croyante pourra

---

[23] Paul identifie des « ennemis de la croix » : Ph 3.18. George Eldon Ladd (*op. cit.*, p. 334) remarque que les discours de Pierre dans les Actes des Apôtres mettent moins l'accent sur la vie pré-pascale de Jésus que sur sa mort et sa résurrection (voir Ac 2.14-38).
[24] Rudolf Bultmann, *op. cit.*, p. 292-294.
[25] Richard Hays, The Mora Vision of the New Testament. Community, Cross, New Creation. A Contemporary Introduction to New Testament Ethics, New York, HarperOne, 1996, p. 187.
[26] Ibid.

s'aventurer à proposer, si possible, une synthèse articulée, sans « choisir » une métaphore plutôt qu'une autre, sans « neutraliser » les textes qui ne vont pas dans le sens souhaité, mais en adoptant une lecture polyphonique : celle du Nouveau Testament ! De toute manière, toute synthèse reste une performance de la communauté croyante et elle est donc sujette à révision permanente.

Le but de cet article n'étant pas d'offrir un inventaire exhaustif mais plutôt illustratif, nous allons maintenant nous pencher, brièvement, sur quelques métaphores que les auteurs du Nouveau Testament ont utilisées pour expliquer le sens de la mort (et de la résurrection) de Jésus en tant qu'acte salutaire. Elles appartiennent à la sphère cultuelle, judiciaire, économique, sociale, morale et même militaire du monde conceptuel juif, mais aussi païen[27].

Le Serviteur souffrant

Selon l'évangile de Marc, Jésus a associé son obéissance jusqu'à la mort à la figure du « Fils de l'homme » (Mc 8.31) et non à celle du Messie. Lorsque Pierre le reconnaît en tant que Messie, mais en évacuant la notion de souffrance, Jésus le rabroue sévèrement (8.30, 32-33). Par la suite, les figures du Messie et du Fils de l'homme, déjà objets de la réflexion juive préchrétienne, viennent à être associées à celle du « Serviteur souffrant » d'Esaïe 53 : en Luc 24.26 il est en effet question du Messie souffrant et en Actes 4.26-27 du « Saint Serviteur » que Dieu a fait Messie. Toujours dans les Actes, Pierre précise que le Serviteur mis à mort a été glorifié par Dieu (3.13-14) au moyen de la résurrection (3.26)[28].

L'identification de Jésus avec le *Serviteur souffrant* met en valeur surtout son obéissance et sa fidélité jusqu'à la mort. C'est la destinée du prophète, du porte-parole de Dieu, de celui qui obéit à sa volonté de subir « les insultes de ceux qui insultent Dieu » (cf. Ps 69.10). Jésus, selon cette lecture, n'est pas un héros incompris, car son sacrifice s'inscrit dans une perspective divine de restauration. C'est probablement ainsi qu'il faudra lire Romains 15.1-6 (citant Ps 69.10 en clé christologique), où Paul affirme que le Christ a accepté le supplice comme un acte d'obéissance pour permettre la construction d'une

---

[27] Je ne traiterai pas dans cet article, par exemple, de la métaphore militaire du « Triomphe/*Christus Victor* » (cf. Co 2.15 ; Hé 10.13) ou de la lecture typologique Premier Adam/Dernier Adam (cf. Rm 5.12-21). Je renvoie le lecteur aux ouvrages suivants : Gustaf Aulén, *Christus Victor. La notion chrétienne de rédemption*, Paris, Aubier, 1949 et Thorwald Lorenzen, *op. cit.*, p. 10-11 (métaphore militaire) ; Charles Cousar, « Paul and the Death of Jesus », *Interpretation. A Journal of Bible and Theology* 52 (1998/1), p. 40 (typologie adamique) ; François Vouga, *op. cit.*, p. 127-136 (croix en tant que « glorification du Père ») ; François Vouga, *op. cit.*, p. 89-97, Thorwald Lorenzen, *op. cit.*, p. 4 et Charles Cousar, *op. cit.*, p. 40-42 (bouquets de lectures de la mort de Jésus dans le NT).
[28] Cf. Gérard Pella, *op. cit.*, p. 18 ; François Vouga, *op. cit.*, p. 169-173.

nouvelle et meilleure réalité : Juifs et non Juifs qui, d'un commun accord et d'une seule voix, glorifient Dieu le Père et le Seigneur Jésus-Christ[29].

Le sacrifice expiatoire : pour le péché et pour la purification

La métaphore la plus populaire pour expliquer le sens de la mort de Jésus est, sans aucun doute, celle du sacrifice expiatoire pour le péché et pour la purification. La mort de Jésus est décrite comme « moyen/lieu pour l'expiation » (*hilastèrion* : Rom 3:24-25)[30], car il a été livré « pour nos fautes » (Rm 4.25 ; 1 Co 15.3 ; voir aussi 1Co 11.24-25 ; 1Co 15.3-8 ; 2Co 5.14,21 ; Rm 5.9 ; 8.3 ; He 1.3 ; 9.11-14.28 ; 1Jn 1.7 ; 2P 2.24) ; « pour nous » (Rm 5.6,8 ; 14.15 ; 1Th 5.10). Pour Paul, Jésus est à la fois celui qui a été livré par le Père (Rm 4.25 ; 8.32) et celui « qui s'est donné lui-même » (Ga 1.4 ; 2.20 ; cf. Ep 5.2).

Or, si l'idée de *Messie souffrant* était étrangère à la pensée juive, la notion de la souffrance des justes ayant une fonction expiatrice se retrouve dans le judaïsme préchrétien. C'est ainsi qu'était comprise la proposition de Moïse en faveur de son peuple (Ex 32.32). Dans le livre de la *Sagesse de Salomon* (Ier siècle avant notre ère), présent dans le canon de la Septante, est exprimée l'idée de la souffrance des justes en tant que remédiation divine ayant pour but de les purifier afin qu'ils soient ensuite accueillis favorablement par Dieu « comme l'offrande d'un holocauste » (Sg 3.4-7). Dans le deuxième livre des *Maccabées* (IIe siècle avant notre ère), il est question de l'exécution de sept frères et de leur mère par Antioche Epiphane à cause de leur refus de manger de la viande de porc (2M 7.1-41). Le martyre de cette famille est compris à la fois en tant que châtiment divin du peuple : « à cause de nos propres péchés » en vue de « notre éducation » ; pourtant la notion réparatrice est tout aussi présente car ce qui est en vue est également la réconciliation du Seigneur « avec ses serviteurs » : il s'agit bel et bien d'une offrande (« je livre comme mes frères mon corps et ma vie ») s'accompagnant d'une prière à Dieu afin qu'il soit « bientôt clément pour notre nation ». L'offrande de ces hommes et de leur mère est associée à l'offrande sans tache, car le narrateur souligne, notamment pour le plus jeune, qu'il « mourut donc sans s'être souillé et avec une parfaite confiance dans le Seigneur ». Deux siècles plus tard, un autre auteur juif interprétera ce martyre comme une « rançon pour le péché de notre peuple », ce qui aurait joué un rôle dans l'action de Dieu par laquelle « le tyran a été châtié, la patrie a été purifiée » (4M 17.20-22). On remarque aisément que la notion de « souffrance des justes » s'articule

---

[29] Callia Rulmu, « The Use of Ps 69:9 in Rom 15:3 : Shame as Sacrifice », *Biblical Theology Bulletin. Journal of Bible and Culture* 40 (2010/4), p. 227-233.
[30] Article « ἱλαστήριον », in Frederick Danker (éd.), *A Greek-English Lexicon of the New Testament and other Early Christian Literature*, Chicago, The University of Chicago Press, 2000, p. 474-475.

souvent avec celle de « sacrifice de l'obéissance » (cf. Es 1.10-17 ; Am 5.21-25 ; Mi 6.6-8 ; cf He 10.5-10).

La notion de sacrifice étant bien présente et élaborée dans la tradition juive, le concept de base me paraît être le même. Il ne s'agit pas de réduire le sens du sacrifice en l'appliquant à l'image d'un Dieu en train de régir l'univers selon un système judiciaire (si les lois sont enfreintes, il faut réparation). Ce concept n'est pas totalement absent, mais il ne représente pas le point central[31]. Il faut surtout comprendre le sacrifice comme inscrit dans le contexte des relations entre sainteté de Dieu et tout le reste. Ces relations sont comprises selon les catégories du saint et du profane, du pur et de l'impur. Le sacrifice est donc conçu comme un « nettoyage » des lieux et des personnes (pôle de la réparation/purification) qui permet à Dieu de s'approcher de son peuple (et vice-versa) et, par sa Sainteté, d'apporter la bénédiction entendue en tant que pardon, guérison, intégration, communion, réconciliation, prospérité (pôle de la communion). Le sacrifice, tel qu'il est expliqué en Exode 20.22-26, montre bien qu'il s'agit, au fond, d'une invitation adressée à Dieu pour qu'il vienne et qu'il bénisse : « En tout lieu où j'évoquerai mon nom, je viendrai à toi et je te bénirai » (v. 24b)[32].

Le mérite de la métaphore du sacrifice expiatoire pour le péché et pour la purification réside dans le fait de mettre en valeur que, en Jésus et par Jésus, tout être humain qui met sa foi en lui est « pur » et peut désormais accueillir la présence de Dieu dans sa vie. Par contre, sa faiblesse est tout aussi évidente : elle pourrait suggérer que cette pureté octroyée par la foi n'a pu être établie que par la mort d'un innocent, comme si pour Dieu il fallait absolument que l'état de pureté, condition nécessaire à sa manifestation, soit établi par un sacrifice. Or, dans une perspective eschatologique, l'impureté recule devant la sainteté de Dieu, et c'est justement cette sainteté qui établit la pureté requise pour que la présence de Dieu puisse se manifester. Cette dynamique, à savoir la sainteté de Dieu qui rend pur en s'approchant de lui, est, par exemple, annoncée en Zacharie 14, quand le jour arrive où le Seigneur (Dieu) viendra (v. 5b) et rendra lui-même tout le territoire d'Israël aussi pur que le Temple (v. 21), et cela *sans*

---

[31] François Vouga, *op. cit.*, p. 139-146 ; Thorwald Lorenzen, *op. cit.*, p. 8-9 ; Nathalie Guillet, « Fondements théologiques féconds en vue d'un dialogue pastoral libérateur », *Hokhma* 40 (1989), p. 51-54 ; Gérard Pella, *op. cit.*, p. 21-24 ; Samuel Bénétreau, « La mort du Christ selon l'Épître aux Hébreux », *Hokmah* 39 (1988), p. 32-33, 40-43 ; Jacotte Despland et Yolande Boinnard, « Ancien Testament : aux sources des thèmes de l'"expiation' et du 'rachat' », in Yolande Boinnard *et al.* (éd.), *Mort de Jésus. Dossier pour l'animation biblique*, Genève, Labor et Fides, 1984, p. 121-132.

[32] Christian Grappe et Alfred Marx, *Le sacrifice. Vocation et subversion du sacrifice dans les deux Testaments*, Genève, Labor et Fides, 1998, p. 16-45 ; Christian Grappe, « Jésus et l'irruption du Royaume », p. 125-132.

sacrifices. C'est dans cette perspective qu'il faudra comprendre aussi le ministère de Jésus : au nom de l'Esprit qui est descendu sur lui, il est porteur d'une sainteté conquérante qui purifie ceux qui le touchent et ceux qu'il touche.

La mort de Jésus est donc *sacrifice* dans le sens qu'il est le « lieu » où la sainteté conquérante s'approche en mettant toute personne au bénéfice de la présence de Dieu et de son action purificatrice (comprise désormais dans le sens moral), sans médiations ni acceptions d'ethnie, de sexe ou de statut social. Les auteurs du Nouveau Testament font donc un usage subversif de la notion de sacrifice (cf. Rm 12.1 : « sacrifice *vivant* ») lorsqu'elle est utilisée pour comprendre la portée théologique de la mort de Jésus. Comme l'écrivait déjà en 1980 Louis-Marie Chauvet :

> « Christ a sacrifié les sacrifices par son "anti-sacrifice". L'interprétation de la mort de Jésus "selon les Ecritures" à partir du régime sacrificiel de la Loi n'est pas *caution*, mais *subversion* de celui-ci. [...] Les premières communautés chrétiennes [...] ont lu la mort de Jésus [...] comme l'abolition définitive du système de la Loi, frappé en son cœur même – le Saint des Saints, et donc tout l'appareil sacerdotal et sacrificiel du Temple –, comme le suggère très nettement la *déchirure* du voile du Temple soulignée par les trois synoptiques au moment où Jésus expire[33]. »

Les catégories du sacrifice de l'obéissance jusqu'à la mort et du sacrifice expiatoire sont utilisées et articulées ensemble pour expliquer le scandale de la croix ainsi que ses conséquences salutaires et subversives[34].

Le sacrifice vicaire

Les concepts de sacrifice expiatoire, de serviteur souffrant et de sacrifice vicaire se superposent partiellement et sont souvent associés. Selon le texte d'Esaïe 53, le Serviteur souffrant a porté, en vue de l'expiation, « nos souffrances » et « nos douleurs » (v. 4). En plus, « le Seigneur a fait venir sur lui notre faute à tous » (v. 6). Ce dernier texte, lorsqu'employé pour éclairer le sens de la mort de Jésus, est compris comme faisant référence à sa mort « à notre place »[35].

Le sacrifice vicaire n'est pas, à la base, une expiation, mais relève plutôt de la notion judiciaire de substitution. L'idée centrale est que la loi, humaine comme divine, doit être respectée, sinon il y a punition. Il n'y a pas de pénalité arbitraire selon la loi de Dieu, mais seulement une sanction bien méritée. Cette pensée traverse la tradition juive et on la retrouve, par exemple, dans le *Targum Jonathan*,

---

[33] Louis-Marie Chauvet, « Le sacrifice de la messe : un statut chrétien du sacrifice », *Lumière et vie* 146 (1980), p. 95-96.
[34] Peter Stuhlmacher, *op. cit.*, p. 30.
[35] Thorwald Lorenzen, *op. cit.*, p. 9-10.

écrit à Babylone vers le IIe siècle de notre ère. Dans un passage commentant Esaïe 1.5 (« Où donc vous frapper encore, quand vous ajoutez à la subversion ? Toute la tête est malade, tout le cœur est souffrant »), il est reproché au peuple de ne pas se poser la question du « pourquoi » de ses souffrances, en exprimant ainsi son aveuglement face à la justice divine. De même, ce Targum, s'exprimant sur Jérémie 8.13b (« ce que je leur avais donné, ils l'ont galvaudé »), explique la justesse de la colère de Dieu en traduisant « je leur ai donné ma Torah, mais ils l'ont transgressée ».

Si la loi exige réparation, il est concevable qu'un autre se substitue au coupable pour en subir le sort afin de permettre à ce dernier de s'en sortir. Cette métaphore est probablement la base des affirmations de Paul en Galates 3.13 (le Christ est devenu « malédiction pour nous » en étant pendu au bois [à notre place]) ; 2 Corinthiens 5.21 (Jésus a été fait « péché pour nous », c'est-à-dire, à notre place) et Romains 8.3. Luther aussi reconnaît l'utilité de cette métaphore et y recourt dans son *Commentaire de l'Epître aux Galates* (1535) en commentant Galates 3.13 :

> « Car, pour ce qui touche à sa personne, Christ est innocent. Il ne devait donc pas être pendu au bois. Mais comme, selon la loi de Moïse, tout brigand a dû être pendu, selon la [même] loi de Moïse, Christ a dû être lui-même pendu, car il a porté la personne du pécheur et du brigand, non d'un seul, mais de tous les pécheurs et de tous les brigands. Car nous sommes des pécheurs et des brigands, nous sommes donc passibles de la mort et de la condamnation éternelles. Mais Christ s'est chargé en lui-même de tous nos péchés et il est mort pour eux sur la croix. Il a donc fallu qu'il soit fait brigand et, comme Esaïe le dit au chapitre 53, il a dû "être compté parmi les brigands" [v. 12][36]. »

La notion de « sacrifice vicaire » n'a pas le but de mettre l'accent sur l'intransigeance de la loi divine, mais plutôt de valoriser l'aspect héroïque du sacrifice du Fils de Dieu, qui n'a pas hésité à s'identifier jusqu'au sacrifice ultime avec l'humanité impuissante et fragile, objet de son amour inconditionnel. La croix, vue sous cet angle, invite à voir dans la souffrance du prochain une opportunité à saisir pour une réponse d'amour.

Les métaphores des sacrifices vicaire et expiatoire, bien que différentes – car l'une appartient à la sphère forensique alors que l'autre à la sphère cultuelle –, sont très tôt articulées ensemble : « Car l'amour du Christ nous presse, nous qui avons discerné ceci : un seul est mort pour tous [à la place de], donc tous sont morts ; et s'il est mort pour tous, c'est afin que les vivants ne vivent plus pour

---

[36] Martin Luther, *Œuvres*, tome XV : Commentaire de l'Epître aux Galates (tome Ier), Genève, Labor et Fides, 1969, p. 181-182. Voir Simon Gathercole, *Defending Substitution. An Essay on Atonement in Paul*, Grand Rapids, Baker Zondervan, 2015, 85-102.

eux-mêmes, mais pour celui qui est mort et s'est réveillé pour eux [en faveur de] » (2Co 5.14-15).

Le sacrifice propitiatoire

La propitiation est un concept très ancien. Contrairement à ce que l'on pourrait croire, il ne s'agit pas simplement de donner satisfaction à la divinité pour apaiser sa colère ; il s'agit aussi de lui montrer de la gratitude pour sa générosité. La fête des Prémices (« la première gerbe » : Lv 23.9-14), la fête des Semaines et la fête des Huttes (Dt 16.9-12, 13-17), pour lesquelles la gratitude humaine est conjuguée à l'exigence divine, illustrent bien ce point. L'apôtre Paul appelle ainsi Jésus « les prémices de ceux qui se sont endormis » (1Co 15.2 ; cf. v. 23). Sa mort et sa résurrection annoncent une moisson abondante de rachetés.

Toutefois, et toujours dans la perspective du renversement, la notion de propitiation est exploitée aussi de la sorte : Paul assure que c'est le Père qui offre un présent en vue de se concilier l'être humain. C'est précisément « la richesse de Sa bonté, de Sa tolérance et de Sa patience » qui doivent nous « conduire à un changement radical » (Rm 2.4). Cette bonté est exprimée ainsi : « Si Dieu est pour nous, qui sera contre nous ? Lui qui n'a pas épargné son propre Fils, mais qui l'a livré pour nous tous, comment ne nous donnera-t-il pas aussi tout avec lui, par grâce ? » (Rm 8.31-32). Dieu étant déjà propice (« pour nous »), il nous offre le Christ pour nous convaincre de son amour et nous donner accès au statut de « vainqueurs par celui qui nous a aimés » (v. 37). L'offrande du Fils ne se réduit pas à la croix (« C'est Jésus-Christ qui est mort ! », v. 34a), mais englobe également sa condition de Ressuscité (« bien plus, il s'est réveillé, il est à la droite de Dieu, et il intercède pour nous ! », v. 34b)[37].

Le sacrifice pascal

Jésus est identifié à plusieurs reprises avec l'agneau pascal (1Co 5.7-8 ; selon l'évangile de Jean, Jésus meurt le jour où l'on sacrifiait la Pâque : Jn 19.14 ; cf. Ap 5.6 ; 7.14 ; 12.11). L'agneau n'était pas d'emblée associé au sacrifice pour le pardon des péchés (cf. Lv 4.1-35), mais plutôt à l'holocauste perpétuel (Ex 29.38-42 ; Nb 28.3-8), aux holocaustes du Nouvel an (Nb 29.1-6) et du Jour des expiations (Nb 29.7-11 ; à remarquer, c'est le bouc qui est offert ici « pour le péché »), à celui marquant la fin du naziréat (Nb 6.13-21) ou la purification de la femme suite à la naissance d'un enfant (Lv 12.6-8), au sacrifice de paix et de reconnaissance

---

[37] Franz Leenhardt, *La mort et le testament de Jésus*, Genève, Labor et Fides, 1983, p. 116-127.

(Lv 3.1,6-11 ; 7.11-15 ; accompagnant le pain des premières récoltes : Lv 23.15-20), et à la Pâque (Nb 28.16-25).

Lorsque les agneaux étaient immolés et offerts pour la Pâque, ils n'étaient pas offerts pour le pardon des péchés, car ce rôle revient au bouc (Nb 28.22). Outre les moutons offerts en holocaustes, les Israélites devaient également sacrifier pour la Pâque un agneau destiné à la consommation et le manger avec la ceinture aux reins, les sandales aux pieds, le bâton à la main et à la hâte, en souvenir de l'acte libérateur de Dieu en Egypte, lorsque l'ange de la mort avait épargné les premiers-nés des maisons où les montants et les linteaux des portes avaient été aspergés du sang de l'agneau (Ex 11.1-10 ; 12.1-14 ; Dt 16.1-8).

Les prophètes avaient annoncé un « Nouvel Exode », à savoir une autre action grandiose de Dieu en faveur des Juifs dispersés, afin de les reconduire dans leur pays pour y rétablir un royaume prospère et pour qu'Il habite au sein de son peuple (cf. Es 43.16-21 ; 51.9-11 ; 52.11-12). Lorsque Jésus est donc identifié en tant qu'agneau pascal, la symbolique est claire : Jésus est celui qui déclenche le Nouvel Exode et qui protège du jugement. Le Nouvel Exode, événement eschatologique et cosmique (cf. Mc 13.27), s'intègre désormais au thème de la libération ainsi qu'à ceux de la purification universelle et de la nouvelle création[38].

Elément intéressant, lorsque Jean le Baptiseur identifie Jésus, selon le quatrième évangile, en tant qu'« agneau de Dieu qui enlève le péché du monde » (Jn 1.29 ; cf. v. 36), il est sous-entendu que le sacrifice de Jésus permettant le Nouvel Exode (libération, protection du jugement, purification, rassemblement, nouvelle création, vie éternelle) ne se réduit pas à la croix mais intègre déjà son incarnation : c'est en devenant chair (Jn 1.14) que la Parole s'est déjà immolée.

Le sacrifice d'alliance

Le sacrifice d'alliance est une cérémonie, pouvant inclure également un festin, qui permet de ratifier officiellement un contrat entre au moins deux entités. Ce sacrifice, qui n'implique pas le pardon des péchés, marque l'engagement sérieux entre les parties concernées[39]. Deux exemples de ce type de rituel suffiront à illustrer ce propos.

Le premier se trouve dans le livre de la Genèse, au chapitre quinze. Abram demande à Dieu un signe, une garantie concernant la promesse de la terre que

---

[38] George Balentine, « Death of Jesus as a New Exodus », *Review & Expositor* 59 (1962/1), p. 27-41 ; Richard Patterson et Michael Travers, « Contours of the Exodus Motif in Jesus' Earthly Ministry », *The Westminster Theological Journal* 66 (2004/1), p. 25-47.
[39] Samuel Bénétreau, *op. cit.*, p. 33-34 ; François Vouga, *op. cit.*, p. 174-176.

ce dernier lui a faite : « A quoi saurai-je que j'en prendrai possession ? » (v. 8). Dieu alors lui propose de préparer un « couloir de sang », à savoir, un espace limité des deux côtés par des moitiés d'animaux qu'Abram aura pris le soin de couper par le milieu (sauf les oiseaux ; v. 9-10). Selon l'usage de l'époque, deux personnalités concluant une alliance étaient censées traverser ensemble ce « couloir de sang » en récitant à la fois les termes de l'alliance (par ex. « je m'engage à ne pas piller tes biens ») et les malédictions dont ils seraient victimes en cas de non-respect des accords, la malédiction ultime consistant à être tué, comme les animaux au milieu desquels ils se tenaient. Les dieux étaient invoqués en tant que témoins de la cérémonie et des engagements des deux parties[40].

Le lecteur avisé ne manquera pas de remarquer que, dans le cas de Genèse 15.1-21, Dieu n'est pas un témoin mais un des deux contractants, l'autre étant Abram. Mais chose encore plus significative, Dieu ne permet pas à Abram de passer avec lui dans le « couloir de sang » (v. 12). C'est Dieu seul, sous forme de fournaise fumante et de torche de feu (v. 17), qui traverse cet espace et conclut une alliance avec Abram (v. 18). Cela implique que l'alliance repose entièrement sur Dieu ; il est à la fois le seul garant de l'alliance et celui qui, le cas échéant, portera le poids des défaillances humaines. Dieu n'a partagé cette responsabilité ni avec Abram ni avec ses descendants[41].

Un deuxième sacrifice d'alliance se trouve dans le livre de l'Exode, lorsque Moïse, descendant du mont Sinaï, apporte au peuple « toutes les paroles du Seigneur et toutes les règles » (24.3), et que les Israélites s'engagent à l'unisson à suivre les instructions de leur Dieu. Moïse écrit alors le document de l'alliance, à savoir « toutes les paroles du Seigneur » (v. 4). Ensuite, un autel est bâti avec douze pierres, une pour chaque tribu d'Israël, et des sacrifices sont offerts pour célébrer cet engagement. Le texte précise que « Moïse prit la moitié du sang [des sacrifices]... il aspergea l'autel ; Moïse prit le sang [l'autre moitié] et en aspergea le peuple en disant : "Voici le sang de l'alliance que le Seigneur a conclue avec vous sur toutes ces paroles" » (v. 6-8).

Les auteurs du Nouveau Testament ne manqueront pas d'attribuer à la mort de Jésus le sens de « sacrifice d'alliance » (Mc 14.24 ; 1Co 11.25 ; He 7.22 ; 8.6 ; 9.17-21 ; 13.20) : ils y verront à la fois l'obstinée miséricorde de Dieu, le garant – à ses propres dépens – de l'alliance avec l'être humain, ainsi que l'opportunité pour

---

[40] Jacques Doukhan, *Genesis*, Seventh-day Adventist International Bible Commentary, Pacific Press/Review and Herald, 2016, p. 223-224 ; Alberto Soggin, *Introduzione all'Antico Testamento. Dalle origini alla chiusura del Canone alessandrino*, Brescia, Paideia editrice, 1979 (1ᵉ éd. 1968), p. 187-193.
[41] Jacques Doukhan (*op. cit.*, p. 224, 227-228) met en valeur la dimension messianique de Genèse 15.

chaque personne d'entrer dans cette alliance, en accueillant la Parole et en y adhérant par le cœur et par l'esprit.

La rançon ou rédemption

Deux métaphores relèvent de la dimension socio-économique. Les concepts de « rançon » et de « rédemption » ne sont pas identiques, car la deuxième n'implique pas forcément le paiement d'une contrepartie en vue de la libération à accorder (cf. Ex 6.6). Pourtant les deux sont liées, car la visée commune demeure l'affranchissement, la libération du captif, fût-il esclave (avec paiement : cf. Lv 25.47-49) ou prisonnier.

La Torah s'exprime sur l'esclavage et le droit de rédemption (Lv 25.23-54 ; Dt 15.12-18), en stipulant notamment, mais pour les Juifs seulement, qu'un droit de rédemption ou, au pire, un affranchissement (y compris la famille) n'est possible qu'après la sixième année de service (Dt 15.12,18) ou lors du jubilé (Lv 25.40,54). Esaïe 43.1-5 envisage la rédemption d'Israël opérée par Dieu lui-même (v. 1) au moyen d'une rançon (v. 3 : « Egypte en rançon pour toi, Koush et Shéba à ta place » ; v. 4 : « Je donne des hommes à ta place »). Peter Stuhlmacher l'exprime ainsi :

> « La disposition de Jésus à mourir est fort bien compréhensible, si l'on est prêt à lire avec lui l'Ancien Testament et à approfondir particulièrement le livre d'Esaïe qu'il cite continuellement. [...] Cette marche volontaire de Jésus vers la souffrance et la mort prend tout son sens s'il se voyait appelé à suivre lui-même le chemin du Serviteur de Dieu souffrant[42]. »

La métaphore de la rançon/rédemption d'Esaïe 43 est ainsi combinée avec celle du Serviteur souffrant du chapitre 53[43]. La notion de rédemption est aussi utilisée par Paul dans le contexte hellénistique. Flavius Josèphe et le Talmud soulignent que les prescriptions de la Torah n'étaient pas systématiquement suivies à l'époque de Jésus, ni postérieurement, sauf pour les cas d'esclavage liés à l'acquittement d'un crime, donc pas à la suite de dettes économiques. Cela montre un certain degré d'hellénisation du judaïsme de l'époque, le modèle gréco-romain ayant aussi affecté la pratique juive[44].

Voici un exemple de la procédure d'affranchissement d'un esclave (*manumissio*) à l'époque romaine en Grèce et en Asie mineure telle qu'elle nous est livrée par une inscription (parmi les plusieurs centaines qui y sont préservées) sur le mur polygonal du temple d'Apollon à Delphes :

---

[42] Peter Stuhlmacher , *op. cit.*, p. 28-29.
[43] *Ibid.*, p. 29 ; Thorwald Lorenzen, , *op. cit.*, p. 7-8 ; Samuel Bénétreau, *op. cit.*, p. 39-40 ; Jacotte Despland et Yolande Boinnard, *op. cit.*, p. 133-136 ; François Vouga, *op. cit.*, p. 162-169.
[44] Catherine Hezser, *Jewish Slavery in Antiquity*, Oxford, University Press, 2005, p. 8, 31-39.

> « Apollon le Pythien acheta de Sosibus d'Amphissa, pour un prix (timas : cf. 1Co 6.20 ; 7.23) de trois mines et demi d'argent, une esclave du nom de Nikaïa, romaine d'origine, afin de lui rendre la liberté (ep'eleutheriai : cf. Ga 5.1,13). Le vendeur précédent selon la loi est Eumnastos d'Aùphisse, qui a reçu le prix. Toutefois, Nikaïa a confié à Apollon (son) achat pour la liberté[45]. »

Le sens de ce document est le suivant : l'esclave Nikaïa peut désormais acheter sa propre liberté ; elle apporte alors son argent au prêtre d'Apollon, Sosibius d'Amphissa, afin que ce dernier puisse l'acheter de son ancien patron (Eumanstos) au nom de (et pour) Apollon. Elle appartient désormais à Apollon, son nouveau maître (quoique dans plusieurs cas, *de facto*, l'esclave restait au service de l'ancien patron pendant un temps déterminé).

C'est dans ce contexte qu'il faut comprendre les textes de Paul déjà cités plus haut, à savoir Galates 5.1, 13 et 1 Corinthiens 6.20 ; 7.23. A la différence de l'esclave de l'époque, le prix a été payé par le Christ lui-même, et il n'y a pas eu besoin de la médiation d'un prêtre. Mais la métaphore est efficace, car la mort de Jésus amène au rachat de l'être humain, esclave de la force du Péché, pour qu'il puisse être désormais propriété (et au service) de Dieu. Pour les premiers chrétiens, la mort de Jésus est donc interprétée aussi comme permettant la *libération* des forces maléfiques qui tiennent captives les hommes dans « le siècle présent » : il ne s'agit pas de mettre l'accent sur la libération de la malédiction de la punition, mais plutôt de mettre en valeur la libération des puissances du mal afin d'être mis en condition de servir Dieu (Rm 6.12-14)[46].

Il est impératif de remarquer que, par l'emploi de cette métaphore, Paul ne met nullement l'accent sur le destinataire de la rançon (« à qui il a fallu la payer »), le plus important étant l'étendue de l'amour de l'auteur de cette libération cosmique et eschatologique (cf. Ga 3.13 ; 4.4 ; 1Tm 2.6), la valeur que cette démarche donne à chaque être humain (cf. 1Co 7.22-23 ; Ap 5.9-10), et les généreuses conséquences dont nous sommes bénéficiaires (cf. Rm 3.26 ; 8.23-25). Il faudra lire dans cette perspective les textes suivants : Mc 10.45 ; Mt 20.28 ; Rm 3.24 ; 8.23 ; 1 Co 6.20 ; 7.23 ; Ga 3.13 ; 4.4 (cf 1.4) ; Col 1.13-14 ; 1 Tm 2.6 ; Tt 2.14 ; He 9.15 ; Ap 5.9. Comme c'est souvent le cas, cette métaphore aussi est mise en relation avec d'autres de nature différente : Rm 3.21-26 (expiation et rédemption) ; 1P 1.18-19 (rédemption et agneau sacrificiel).

---

[45] Inscription gravée sur le mur polygonal de Delphes et datant de l'an 200-199 avant notre ère (SIG² 845 / Syll 845.4ss). Le texte grec est également disponible dans l'article « ἐλευθερία », in : James Hope Moulton et George Milligan (éd.), *The Vocabulary of the Greek New Testament*, London, Hodder and Stoughton, 1930, disponible sur https://www.studylight.org/lexicons/greek/1657.html. La traduction en français est la nôtre, ainsi que l'emploi des italiques dans le texte.

[46] Rudolf Bultmann, *op. cit.*, p. 297-298.

Le principe d'analogie et d'assimilation

La métaphore de l'analogie appliquée à la compréhension de la mort et de la résurrection de Jésus ne semble pas relever du monde conceptuel de l'Ancien Testament, ni de celui plus large de la culture juive. Elle paraît plutôt avoir été une élaboration (paulinienne ?) d'une manière de concevoir la relation à la divinité qui était présente dans le monde gréco-romain. Certains cultes à mystères, par exemple, permettaient de vaincre la peur de la mort et du néant par l'assimilation mystique à l'expérience, non historique mais mythique, de la divinité adorée. Ainsi, le culte à mystère de Sérapis célèbre Isis qui, grâce à sa magie, a pu ramasser, rassembler et enfin ressusciter son frère-époux Sérapis, assassiné et démembré préalablement par son frère et rival Seth. Le fidèle, par un rituel établi incluant un vêtement blanc, s'associait à Sérapis et avait l'assurance, une fois mort, de bénéficier du pouvoir d'Isis pour poursuivre son existence, joyeusement, dans l'au-delà. De même, le culte à Déméter, la Mère de la Terre, permettait de s'inscrire dans les cycles pérennes de la nature (soleil, lune, saisons, etc.) et de dépasser l'anxiété de vivre par la promesse d'un éternel retour[47].

Le principe d'analogie et d'assimilation se retrouve également au centre des spéculations gnostiques. Selon cette vision, le *sôma* (« corps ») du Sauveur est une grandeur cosmique et non pas physique. Le croyant qui y adhère en se faisant initier à la connaissance (gnose) fait désormais partie du *sôma* du Sauveur : à sa mort, il sera libéré de son existence terrestre (et de sa soumission au démiurge, l'artisan de l'univers physique) pour rejoindre le monde spirituel d'où il provient mais dont il avait oublié l'existence[48].

L'apôtre Paul, sensible à la culture de l'époque et à ses diverses expressions religieuses, a présenté le Christ en des termes compréhensibles et percutants pour ses auditeurs. Jésus est aussi prêché en tant que Sauveur envoyé, mort, ressuscité et maintenant assis à la droite de Dieu, avec lequel le croyant peut « fusionner » par la foi, en participant à sa mort et à sa résurrection :

> « Ignorez-vous que nous tous qui avons reçu le baptême de Jésus-Christ, c'est le baptême de sa mort que nous avons reçu ? Par ce baptême de la mort, nous

---

[47] Sur les cultes à mystères et leur possible relation avec le christianisme paulinien voir notamment : Alexander Wedderburn, « Paul and the Hellenistic Mystery-Cults. On Posing the Right Questions », in *Soteriologia dei culti orientali nell'Imperio Romano: atti del colloquio internazionale*, Leiden, Brill, 1982, p. 817-833. Pour une meilleure compréhension de ces mythes : Florence Quentin, *Isis l'Eternelle. Biographie d'un mythe féminin*, Paris, Albin Michel, 2012 ; Walter Burkert, *Les cultes à mystères dans l'Antiquité*, Paris, Les Belles Lettres, 1992 ; Robert Turcan, *Les cultes orientaux dans le monde romain*, Paris, Les Belles Lettres, 1989.

[48] James Dunn, *The Theology of Paul the Apostle*, Grand Rapids, Eerdmans 2006 (1ᵉ éd. 1998), p. 55-61.

avons donc été ensevelis *avec lui* afin que, tout comme le Christ s'est réveillé d'entre les morts, par la gloire du Père, de même nous aussi nous marchions sous le régime nouveau de la vie. En effet, si nous avons été *assimilés* à lui par une mort semblable à la sienne, nous le serons aussi par une résurrection semblable. [...] Or si nous sommes morts *avec le Christ*, nous croyons que nous vivrons aussi *avec lui* [...] » (Rom 6.3-10).

Toutefois, à la différence des mythes et des cultes à mystères, la mort et la résurrection de Jésus sont des événements *historiques*, bien qu'ayant une portée cosmique.

Outre le baptême, le rite de la Sainte Cène est également compris dans cette optique et annonce la réalité de l'assimilation et de l'analogie avec le Christ : « La coupe de bénédiction... n'est-ce pas une *communion* au sang du Christ ? Le pain que nous rompons, n'est-ce pas une *communion* au corps du Christ ? » (1Co 10.16 ; voir aussi 1Co 12.13 ; 2Co 4.10 ; Rom 6.4-10 ; Jn 6.56)[49]. Toujours selon le même principe, la vie du Christ est prolongée en celle de Paul (2Co 4.7-12) et en celle de tous les croyants (Ph 3.10-11). Le présent est un temps intérimaire (1Co 7.29-31), dans lequel le croyant fait l'expérience de la croix, mais en se sachant vivant en Christ (2Co 4.7-12 ; 5.17). Dans ce sens le croyant « participe » aussi bien aux souffrances du Christ qu'à sa *vie* (prémices de l'Esprit maintenant et résurrection à la fin des temps).

La portée paradigmatique du sacrifice (imitatio Christi)

Déjà Abélard (1079-1142) se posait la question du sens subjectif, et non pas seulement objectif, de la mort de Jésus sur la croix. En réaction à une interprétation trop radicale des théories du rachat et de l'expiation proposées par Anselme (1033-1109), Abélard centre sa réflexion sur la question de l'amour de Dieu envers les êtres humains et envers son propre Fils. Il propose alors de comprendre le sacrifice de Jésus comme la révélation de l'Amour suprême (Mc 15.39 ; Lc 12.35-38 ; 22.24-27 ; Jn 13.1-7, 12-16 ; 15.12-14 ; 17.1-2 ; Rm 2.4 ; 5.8 ; 2Co 8.9 ; Ph 2.6-11) qui amène à la conversion et incite les êtres humains à l'imitation (*imitatio Christi*)[50].

Concernant ce dernier point, il s'agit du développement du concept vétérotestamentaire de l'*imitatio Dei* exprimé notamment en Lévitique 19.2b : « Vous serez saints, car moi, le Seigneur, votre Dieu, je suis saint » (voir aussi Dt 10.12 ; 11.22 ; 26.17). L'Israélite était invité à imiter Dieu, par exemple, concernant le repos du sabbat (Ex 20.10-11) et l'amour envers les étrangers (Dt 10.18-19).

---

[49] Rudolf Bultmann, *op. cit.*, p. 298-300.
[50] François Vouga, *op. cit.*, p. 25-37, 179 ; Thorwald Lorenzen, *op. cit.*, p. 11-12 ; Franz Leenhardt, *op. cit.*, p. 121-122.

Cette notion trouve son prolongement naturel dans les écrits rabbiniques, où il est question d'être miséricordieux et clément comme Dieu, en reproduisant ses actions exemplaires : habiller les pauvres, visiter les malades, conforter les accablés, ensevelir les morts[51].

La notion d'*imitatio Dei* se retrouve également chez Platon, pour lequel, à la différence de la pensée juive, l'être humain est habité par un élément divin qui a vocation, après le trépas, à rejoindre la compagnie des divinités. Pour le philosophe grec, cela sera possible seulement si, dans cette vie, l'homme a « tourné ses pensées vers l'amour de la science et l'amour de la vérité, [...] dirigé toutes ses forces de ce côté [...] ; toujours cultivé la partie divine de lui-même et honoré le génie qui réside en lui », pour « penser aux choses immortelles et divines », afin qu'il « corrige les mouvements qui sont déréglés [... et] qu'il rende l'esprit qui conçoit conforme à l'objet conçu [...], et que par cette conformité il soit en possession de la vie la plus excellente que les dieux aient accordée à l'homme pour le présent et pour l'avenir » (*Timée* 90b-d)[52]. Par la suite, le philosophe juif Philon d'Alexandrie combinera l'idée platonicienne que l'homme a comme objectif dernier de devenir comme Dieu avec le concept juif d'*imitatio Dei*, mais toujours dans les limites de la notion vétérotestamentaire de l'*imago Dei* : l'homme et la femme ont été créés à l'image de Dieu (Gn 1.27), sans pour autant être (ni appelés à devenir) des dieux (Gn 3.5)[53].

Les auteurs du Nouveau Testament s'inscrivent pleinement dans cette perspective en attribuant, certes, à Jésus le rôle de figure exemplaire, mais dans le contexte de sa relation unique avec le Père et les siens. Jésus imite le Père (cf. Jn 5.19-21) et il est à son tour celui qui, nous incitant à suivre ses pas, nous met en condition de faire la volonté de Dieu. Ainsi, il convient de voir dans la miséricorde et dans l'obéissance de Jésus, jusqu'à la mort en vue du salut de l'humanité, « un exemple, afin que vous suiviez ses traces » (1P 2.21 ; voir aussi Rm 15.1-6 ; Ph 2.5 ; Jn 13.14-15)[54]. Se conformer à l'exemple du Christ revient à se conformer à la mentalité de Dieu (« pensée du Seigneur » : 1Co 2.16a), accessible désormais par le biais de « la pensée du Christ » (v. 16b). Du coup,

---

[51] Mekh. Shirah 3 et b. Sota 14a. Article « Imitation of God (*Imitatio Dei*) », in : *Jewish Virtual Library*, disponible sur http://www.jewishvirtuallibrary.org/imitation-of-god.
[52] *Œuvres de Platon*, traduites par Victor Cousin, tome douzième, Paris, Rey et Gravier, 1839, [en ligne], disponible sur http://remacle.org/bloodwolf/philosophes/platon/cousin/timee.htm.
[53] Peter Borgen, *Philo of Alexandria. An Exegete for His Time*, Leiden-New York/Köln, Brill, 1997, p. 244-250.
[54] François Vouga, *op. cit.*, p. 147-153 ; Charles Cousar, *op. cit.*, p. 46-47 ; David Seeley, « Blessings and Boundaries. Interpretations of Jesus' Death in Q », *Semeia* 55 (1992), p. 131-134.

l'*imitatio Christi* est assimilée de manière tout à fait unique et originale à l'*imitatio Dei*.

Le dépassement de l'aliénation : la réconciliation

En tant qu'événement sotériologique, la mort de Jésus permet la « réconciliation » (cf. 2Co 5.19), c'est-à-dire une nouvelle situation où le pouvoir qui a aliéné la Création de son Dieu est vaincu. Or, cette aliénation n'est pas à comprendre dans le sens d'hostilité entre le Créateur et les humains. L'idée est plutôt que, au niveau cosmique, un pouvoir rend la relation entre le monde et son Artisan problématique, au point de susciter un refus, voire un rejet de Dieu de la part de ses propres enfants. Cette puissance aliénante est appelée « ténèbres » en Jean 1.5, « impiété et injustice » en Romains 1.18, ou encore « péché » en Romains 6.12.

La réconciliation que Jésus a rendue possible par son sacrifice et par sa résurrection est une pure initiative divine et n'a rien à voir avec une simple prise de conscience humaine (niveau existentiel), quoique cette dernière en constitue une conséquence appréciable. C'est le résultat de l'irruption du « nouveau » dans la Création :

> « Si quelqu'un est dans le Christ, c'est une création nouvelle. Ce qui est ancien est passé : il y a là du nouveau. Et tout vient de Dieu qui nous a réconciliés avec lui par le Christ [...]. Car Dieu était dans le Christ, réconciliant le *cosmos* avec lui-même, sans tenir compte aux humains de leurs fautes [...] » (2Co 5.17-19).

Cette perspective met en lumière le dépassement du « siècle présent » et la victoire sur ses pouvoirs par la mort de Jésus et par sa résurrection. En se rapprochant de sa création, Dieu s'est rendu vulnérable en Jésus, vulnérable jusqu'à la mort. La mort a frappé Dieu, mais Dieu n'a pas été vaincu (1Co 15.54-55). Le don du Christ a, bien évidemment, changé la manière dont Dieu est compris : non plus en termes théistes, à savoir, séparé ontologiquement (dans son essence) de la Création, de sa souffrance et de ses soupirs (Rm 8.22), mais en termes nouveaux (chrétiens !). Dieu est mort en Jésus sans cesser d'être Dieu. Là réside l'assurance que la réconciliation que Dieu a voulue (« celui qui nous a aimés » : Rm 8.37) et accomplie est efficace et qu'il est impossible d'être séparés de notre Créateur et Sauveur :

> « Car je suis persuadé que ni mort, ni vie, ni anges, ni principats, ni présent, ni avenir, ni puissances, ni hauteur, ni profondeur, ni aucune autre création ne pourra nous séparer de l'amour de Dieu en Jésus-Christ, notre Seigneur » (Rm 8.38-39).

La métaphore de la réconciliation cosmique est aussi sous-jacente en Romains 5.10-11, où est souligné le lien entre le dépassement de l'aliénation et le salut, et en Colossiens 1.19-22, où l'action réconciliatrice du Christ (eschatologique) est mise en relation avec son action créatrice (protologique) (v. 15-18)[55].

Conclusion

La mort de Jésus de Nazareth demeure une certitude historique[56]. Les efforts des premiers chrétiens pour la comprendre et l'expliquer, à la lumière de la résurrection, montrent qu'elle est aussitôt comprise comme étant « pour nous », mais également qu'il n'a pas été possible de l'apprécier dans toute sa complexité sans multiplier et superposer les angles de lecture et les métaphores explicatives. On ne trouve pas, dans le Nouveau Testament, une seule réponse à la question : « Pourquoi Jésus est-il mort ? » Chaque tentative de saisir une facette de cet événement met en valeur un aspect important ; pourtant, chaque explication est insuffisante et soulève des difficultés objectives. Il faut le reconnaître, certains concepts (expiation et sacrifice vicaire, pour n'en nommer que deux) sont presque inconcevables pour la sensibilité postmoderne.

Privilégier telle ou telle métaphore, choisir une seule interprétation[57] au détriment des autres ou les subordonner toutes à celle qui nous paraît plus « juste » ne rend justice ni à la réflexion théologique des premiers chrétiens, ni à leur effort de rendre la croix du Christ *compréhensible* à eux-mêmes d'abord, et à leurs contemporains ensuite, aussi bien Juifs que païens. Comme nous l'avons évoqué plus haut, le Nouveau Testament apporte un témoignage polyphonique : il faut accepter chaque « voix », avec ses forces mais aussi ses limites, comme intégrée dans une chorale et soucieuse d'être écoutée en relation aux autres. De même, il est nécessaire de se méfier de toute tentative d'imposer la performance d'un soliste, qui qu'il soit[58].

Qui plus est, il est indispensable de considérer le travail de réflexion, d'interprétation et d'adaptation des premiers chrétiens comme *paradigmatique*. Le sens de la mort et de la résurrection de Jésus ne s'épuise pas avec les explications des auteurs du Nouveau Testament. Il s'agit d'un effort qui doit être prolongé par la communauté des croyants, car c'est un travail continu, jamais conclu, qui transcende les limites de l'intelligence humaine et qui demande d'être accessible à chaque époque, dans un langage approprié,

---

[55] Andreas Dettwiler, « L'Epître aux Colossiens », in Daniel Marguerat (éd.), *Introduction au Nouveau Testament. Son histoire, son écriture, sa théologie*, Genève, Labor et Fides, 2008⁴, p. 296.
[56] Thorwald Lorenzen, *op. cit.*, p. 4 ; James Sweeney, *op. cit.*, p. 221-222.
[57] Thorwald Lorenzen, *op. cit.*, p. 3-4 ; François Vouga (*op. cit.*, p. 180) souligne que le premier « dénominateur commun des références néotestamentaires de la mort de Jésus réside dans leur caractère d'interprétations. »
[58] Cf. Thorwald Lorenzen (*op. cit.*, p. 15) pour lequel il ne faut pas absolutiser un concept biblique au détriment des autres.

contemporain, quoique toujours approximatif[59]. L'important est de ne pas édulcorer la croix en disjoignant artificiellement le Crucifié du Ressuscité glorieux, sinon c'est un autre Christ qui serait annoncé (cf. Ga 1.6-10).

Le témoignage du Nouveau Testament nous place sans cesse devant le paradoxe de la croix : elle est à la fois l'instrument d'un meurtre odieux et le témoignage le plus haut du don de soi ; elle est le lieu où l'acharnement et la soumission se rencontrent ; elle est le symbole de la mort absorbée dans le projet de vie de Dieu. Jésus s'y soumet librement (Jn 10.18), toutefois il s'agit d'une étape nécessaire vécue dans l'angoisse et dont le but a été de le « rendre parfait, accompli » (He 5.7-9)[60]. Ce qui est insupportable, du point de vue humain, devient le point de départ d'un regard nouveau et « converti » sur la beauté *selon* Dieu, sur la beauté même *de* Dieu. Le Ressuscité est également et d'abord le Crucifié : voici la réalité qui déroute l'Homme qui se renferme dans son univers défini, expliqué et bien interprété ; voici « l'horrible que nous ne pouvons à peine encore supporter » ; voici l'humiliation du Fils de Dieu qui brise et fragmente notre *cogito* ; voici l'expression la plus radicale de l'amour de Dieu et le moyen qu'il a choisi pour nous permettre, enfin, de « larguer » nos mots dans un élan de foi et de gratitude plus intime et plus fervent[61].

---

[59] Bernard Locoge, « Dire le sens de la croix aujourd'hui », *Hokhma* 40 (1989), p. 37-49 ; Peter Stuhlmacher, « Pourquoi Jésus a-t-il dû mourir ? », *Hokhma*, 40 (1989), p. 35-36. Ce dernier offre la synthèse suivante : « [Jésus] a dû mourir parce que le témoignage que sa vie rendait à l'amour infini de Dieu à l'égard des humiliés et des perdus, faisait éclater les valeurs religieuses des puissants d'alors en Israël. Jésus était prêt à se sacrifier, car il considérait la réalisation de l'amour de Dieu comme plus importante que sa propre vie. La résurrection de Jésus peut alors être comprise comme la confirmation de la victoire de l'amour sur tous les péchés humains et sur la mort. En tant que Fils de l'homme de l'ère messianique, Jésus est l'amour de Dieu en personne (1 Jn 4,9-16) » (p. 35).

[60] Samuel Bénétreau, *op. cit.*, p. 43-44.

[61] Le vers « l'horrible qu'à peine nous pouvons encore supporter » et la référence au vol plus intime et fervent sont tirés de « La première élégie » de Rainer Maria Rilke contenue dans son *Elégies de Duino, Sonnets à Orphée et autres poèmes*, Paris, Gallimard, 1994, p. 29-31. La notion de *cogito* brisé vient de Paul Ricœur, *Philosophie de la volonté. Tome 1 : Le volontaire et l'involontaire*, Paris, Aubier, 1950, p. 27. Voir également Karl Barth, Dogmatique, *Vol. 4 : La doctrine de la réconciliation*, troisième tome (première partie), Genève, Labor et Fides, 1972 (1ᵉ éd. 1959), p. 201 : « Connaître Dieu (en lui) veut dire [...] connaître en communion avec celui qui est connu et en qui sont caché tous les trésors de la sagesse et de la science (Col 2,3). Tel est le changement radical, subi par l'homme et par sa propre histoire, dans la connaissance de Jésus-Christ. Combien cet *intelligere* est loin d'une simple opération de la raison raisonnante ou même contemplative, opération que l'on pourrait taxer d'"intellectualisme" et dont il serait possible de disqualifier et de dénoncer le résultat en prétendant qu'il n'est qu'une gnose vide ! »

L'attente messianique à l'heure de Jésus.
Un état de la question

Jean-Claude Verrecchia[1]

Au moment d'ouvrir les difficiles chapitres de la christologie et de la sotériologie, les biblistes et les théologiens doivent se rappeler qu'ils entrent en territoire sacré, comme Moïse devant le buisson ardent. En toute humilité, ils se doivent d'ôter leurs sandales. Car ce n'est rien moins que le SEIGNEUR qui est là[2]. Et côtoyer d'aussi près le Suprême n'est pas sans risque, comme l'a bien décrit Max-Alain Chevallier :

> « Je pense souvent que l'exégète fait dans son travail une expérience comparable à celle de Jacob la nuit où il voulut passer le gué du Yabboq. On sait que chaque Israélite retrouve dans l'histoire du patriarche, dont le nom fut changé en Israël précisément cette nuit-là, la description de sa propre aventure spirituelle. Pourquoi l'exégète ne s'y reconnaîtrait-il pas à son tour ? Lui aussi lutte longuement pour s'ouvrir un chemin et découvre qu'il y va de sa propre vie, car, en se battant avec les textes, c'est bien avec Dieu même qu'il se bat. S'il finit par passer, c'est toujours, hélas, en clopinant et aussi en ayant découvert qu'il ne pourra décidément jamais avoir accès au mystère dernier du nom divin. Il n'empêche que, dans cette aventure, il se découvre mystérieusement béni. Et puis, même de façon indirecte, quelque chose du visage de Dieu lui est bel et bien révélé[3]. »

Vendredi 14 Nisan, à midi. On s'attendrait à ce que les disciples soient là, au pied de la croix. Jésus les avait prévenus, et à plusieurs reprises, qu'il allait souffrir jusqu'à la mort. Rien n'y a fait. Au moment où leur présence aurait été pour le moins réconfortante, les douze ont disparu corps et âmes. Les évangiles synoptiques s'accordent à mentionner les femmes, et seulement elles, qui

---

[1] Jean-Claude Verrecchia, docteur ès sciences religieuses, est professeur de Nouveau Testament, Herméneutique et Littérature du Second Temple au *Newbold College of Higher Education* à Bracknell (Royaume-Uni).
[2] Ex 3.1-6. Sauf indication contraire, les citations bibliques sont tirées de la *Traduction œcuménique de la Bible* (TOB), Paris, Cerf, 2010.
[3] Max-Alain Chevallier, *Souffle de Dieu*, Paris, Beauchesne, 1990, p. IX.

regardent « de loin » la scène de la crucifixion[4]. Pourtant, un étranger, un non-Juif, estampillé mécréant, va lui être à la hauteur de l'événement. Il comprend que ce qui se passe n'est pas la mort d'un brigand : « Vraiment, cet homme était Fils de Dieu[5]. » Sinon, pour les autres, l'histoire est terminée. Il ne reste plus qu'à revenir le lendemain, une fois le soleil couché, pour donner à celui qu'on a aimé – c'est quand même la moindre des choses – une digne sépulture.

Marc, le premier évangile, rédigé quelque trente années après l'événement, ne raconte même pas la résurrection. Les mêmes femmes qui avaient suivi de loin sont effrayées à la vue du jeune homme vêtu d'une robe blanche à l'entrée du tombeau vide. Il leur parle de résurrection. Il leur demande d'informer les disciples. Il leur indique que Jésus les attend en Galilée. Réaction incrédule : « Elles sortirent et s'enfuirent loin du tombeau, car elles étaient toutes tremblantes et bouleversées ; et elles ne dirent rien à personne, car elles avaient peur[6]. »

A vrai dire, ce que nous célébrons aujourd'hui au moment de Pâques est bien loin de l'événement initial. Non pas que nous malmenions l'histoire ou que nous déviions théologiquement parlant. Nous célébrons la victoire, alors que pour les témoins de ce temps, c'était plutôt l'heure de la défaite[7]. J'imagine les disciples marchant dans les rues de Jérusalem, la tête basse, le moral dans les chaussettes, sans compter qu'ils furent sans doute la risée des amis, voisins et adversaires de tout poil. Et il ne fait que peu de doute que ce vendredi 14 Nisan, à quinze heures, quand Jésus eut expiré son dernier souffle, le nombre des disciples dégringola en chute libre !

Comment en est-on arrivé là ? Pourquoi cet échec initial ? Tout n'était-il pas clair, dans les Ecritures (ce que nous appelons l'Ancien Testament) ? Tout n'était-il pas prévu, annoncé dans le détail ? N'attendait-on pas un messie qui irait jusqu'à la mort, mais que Dieu ressusciterait trois jours après, pour assurer un triomphe éclatant à son entreprise de salut ? Est-ce l'entêtement des Juifs qui est la cause de tout ? D'une manière générale, je crains que nous ayons ici une

---

[4] Cf. Mc 15.40 // Mt 27.55 // Lc 23.49.

[5] Mc 15.39.

[6] Cf. Mc 16.1-8. Ce n'est qu'après coup, dans une version allongée de l'évangile de Marc – que nous lisons dans la plupart de nos Bibles aujourd'hui – qu'on a adjoint le récit de la résurrection de Jésus, preuve s'il en est qu'au tout début du christianisme, les premiers chrétiens eurent quelque peine à croire l'incroyable. Pour les différentes versions de la fin de l'évangile de Marc, voir les Bibles d'étude : la *Traduction œcuménique de la Bible*, la *Nouvelle Bible Segond*, ou la *Bible de Jérusalem*.

[7] Une théologie s'est développée autour de ce thème de la défaite de la croix. Voir l'initiateur de cette interprétation, Hermann Samuel Reimarus (1694-1768) et son pamphlet *Vom Zwecke Jesu und seiner Jünger* (Du dessein de Jésus et de ses disciples), publié en 1778. Voir aussi Albert Schweitzer, *Le secret historique de la vie de Jésus*, Paris, Albin Michel, 1961, pour une version plus récente de cette théologie.

lecture bien trop postpascale de ces événements. Parce que nous avons la solution de l'énigme posée par la mort de Jésus, nous ne pouvons pas imaginer un seul instant qu'elle ne s'imposa pas à tous, tout de suite et pour toujours.

En conséquence, il me semble impératif d'entreprendre un travail de clarification[8]. Les Juifs de l'époque vivaient-ils dans l'attente d'un messie ? Si oui, quels étaient les contours de cette attente messianique ?

Les silences de Paul

Le christianisme doit beaucoup à Paul. C'est lui le premier qui dut argumenter pour expliquer l'inexplicable. C'est à lui qu'il revint de transformer la défaite et l'échec en victoire. La sotériologie – l'explication et la justification de la mort de Jésus – sera la base de sa théologie. La christologie – l'identité de celui qui est mort – suivra. Mais les silences de Paul intriguent. Car le grand apôtre, qui rédige ses lettres quelque quinze ou vingt ans *avant* l'évangile de Marc, ne montre qu'un intérêt très limité pour la vie et le ministère de Jésus. On note moins d'une dizaine d'allusions au Jésus terrestre dans le corpus paulinien, et qui sont loin d'être précises et déterminantes. Ainsi apprend-on entre autres que : Jésus est un Juif, descendant d'Abraham et de David (Rm 1.3 ; Ga 3.16) ; qu'il eut des frères, dont Jacques (Ga 1.19) ; qu'il célébra la Pâque (1Co 11.23-25). La référence la plus significative se trouve en 1 Corinthiens 15.4 : « Il a été enseveli, il est ressuscité le troisième jour, selon les Ecritures. Il est apparu à Céphas, puis aux Douze. » Mais la plupart des exégètes considèrent qu'il s'agit ici d'une formule stéréotypée, une des premières confessions de foi de l'Eglise primitive, utilisée par Paul. Le dossier du Jésus historique est donc fort mince à la seule lecture des lettres de Paul.

Discret sur le Jésus historique, Paul n'a pas pu laisser planer – croit-on – le moindre doute sur l'identité de Jésus de Nazareth : il est le Messie/l'Oint de Dieu. Si l'on ne considère que la fréquence d'utilisation par Paul du mot messie (grec *christos*), il n'y a aucune raison de s'inquiéter, car l'apôtre emploie pas moins de deux cents fois ce terme en rapport avec Jésus. Mais en réalité, *christos* n'a pas sous sa plume la signification « messianique » que nous lui accordons aujourd'hui. Les théologiens sont sur ce point quasi unanimes : le mot est

---

[8] Les lignes qui suivent ne sauraient présenter un tableau complet, car l'espace m'est limité. Le public francophone verra sans doute que la plupart de mes références proviennent de la littérature anglo-saxonne. Je le regrette, mais les sources francophones sont rares, souvent de qualité insuffisante et très datées.

simplement pour Paul un nom propre[9]. Jamais il ne désigne clairement Jésus comme le Messie[10].

Ce qui est encore notoire est l'absence chez Paul de toute référence à ce qu'on a coutume d'appeler les prophéties messianiques, ce qui autorise Magnus Zetterholm à affirmer, avec de nombreux autres auteurs, que « les textes messianiques de la Bible hébraïque ne jouent aucun rôle dans les lettres de Paul[11] ».

Malgré les silences de Paul, trente ans après la mort de Jésus, les disciples n'ont plus l'esprit en berne. Dans bien des lieux de l'Empire romain brûle la flamme de l'Evangile : il est ressuscité ! Paul est passé par là, et d'autres aussi : « Si Christ n'est pas ressuscité, notre prédication est vide, et vide aussi votre foi. [...] Et si Christ n'est pas ressuscité, votre foi est illusoire, vous êtes encore dans vos péchés » (1Co 15.14-17). Non, la mort de Jésus n'est pas la fin de l'histoire. Elle est le début de la vie. « Le langage de la croix, en effet, est folie pour ceux qui se perdent, mais pour ceux qui sont en train d'être sauvés, pour nous, il est puissance de Dieu » (1Co 1.18). Paul aurait pu bannir de son vocabulaire et de sa théologie toute référence à la croix, signe de l'échec. Mais il a transformé magistralement l'horreur et le déshonneur en triomphe, pour celui qui croit.

Jésus est-il l'accomplissement des Ecritures ? Est-il le messie promis et annoncé ? Ces questions ne sont pas vraiment celles de Paul. Et sans doute n'étaient-elles pas les plus urgentes pour son auditoire prioritairement non juif.

Une autre voie/x : les évangiles synoptiques

Si Paul intrigue par ses silences, les évangiles synoptiques lèvent les doutes. Ce n'est pas ici le lieu d'entrer dans les détails. Je me contente de dresser à grands traits le tableau synoptique sur la messianité de Jésus

---

[9] Voir déjà Werner Kümmel, *The Theology of the New Testament according to its Major Witnesses Jesus – Paul – John*, London, SCM, 1987 (original allemand, 1972), p. 154. Plus récemment, Larry Hurtado, « Paul's Christology », in James Dunn (éd.) *The Cambridge Companion to St Paul*, Cambridge, University Press, 2003, p. 191 ; James Dunn, *The Theology of Paul the Apostle*, London, T.&T. Clark, 2005, p. 197.

[10] Voir sur ce point l'étude certes datée de Martin Hengel mais toujours pertinente, *Between Jesus and Paul. Studies in the Earliest History of Christianity*, London, SCM, 1983, p. 67. Voir aussi Whitney Shiner et David Aune : « Christian Prophecy and the Messianic Status of Jesus », in James Charlesworth (éd.), *The Messiah : Developments in Earliest Judaism and Christianity*, Minneapolis, Fortress Press, 1992, p. 405, 406.

[11] Magnus Zetterholm, « Paul and the Missing Messiah », in Magnus Zetterholm (éd.), *The Messiah in Early Judaism and Christianity*, Minneapolis, Fortress Press, 2007, p. 37. (Je traduis toutes les citations en anglais de cet article.)

Marc et l'affirmation messianique

Le premier évangile, mis par écrit aux alentours des années 70 – soit quelque dix ans après la clôture du corpus paulinien –, s'ouvre par une déclaration sans équivoque : « Commencement de l'Evangile de Jésus Christ Fils de Dieu[12]. » Or seul Pierre, inspiré par l'Esprit, reprendra cette titulature. Il recevra immédiatement de Jésus l'injonction de se taire. Jésus attendra son procès pour confirmer lui-même qu'il est bien le Messie (Mc 8.29,30 ; 14.61,62).

Cette scène du procès se déploie de manière fort significative. Il y apparaît que ce n'est pas tant la déclaration messianique de Jésus qui fait problème pour le grand prêtre que sa prétention à siéger à la droite de Dieu (Mc 14.61-64). Il n'est pas inacceptable pour les autorités religieuses que Jésus se déclare messie, car à l'époque, le statut messianique est commun. Par contre, la filiation divine et la session à la droite de Dieu sont blasphématoires. On doit aussi noter qu'à la fin de l'épisode, on se met à cracher sur Jésus et à lui demander de faire le prophète (Mc 14.65). En fait, dans un seul et même chapitre, les titres s'accumulent : Messie, Fils du Dieu béni, Fils de l'homme, prophète.

Matthieu invente les prophéties messianiques

L'une des caractéristiques principales de l'évangile de Matthieu est ce qu'on appelle les « citations d'accomplissement ». Pour le sujet du messianisme qui nous retient, c'est sur elles que je me concentre à présent. Ces fameuses citations sont faciles à repérer : elles utilisent toutes un ou plusieurs textes de l'Ancien Testament ; elles sont toutes introduites par la même formule : « Afin que s'accomplisse ce que le Seigneur avait dit par l'entremise de… »

> Esaïe 7.14 (LXX 8.8), cité en Matthieu 1.23 : « *Voici que la vierge concevra et enfantera un fils auquel on donnera le nom d'Emmanuel, ce qui se traduit : "Dieu avec nous".* »

Cette citation a fait et fait encore couler beaucoup d'encre. Il est hors de propos d'en donner une explication développée. Il suffit de dire ici que Matthieu semble avant tout profiter de l'expression inouïe d'Esaïe s'agissant d'annoncer une naissance. Le prophète n'emploie pas en effet en hébreu le mot habituel pour désigner une femme enceinte mais le mot hébreu *hā'almâ* qui n'est jamais utilisé pour désigner une femme en âge de procréer. Ce mot laisse supposer une naissance qui dépasse le cadre normal du seul mariage, ou plus exactement, il permet d'envisager un accomplissement répété de la même prophétie. C'est ce que semble indiquer le contexte d'Esaïe, où la prophétie pointe vers plusieurs

---

[12] Mc 1.1.

heureux événements[13]. Les traducteurs de la LXX ont choisi le mot *parthenos* (vierge) pour traduire *hā'almâ*.

La plupart des commentateurs voient en cet enfant annoncé, le futur roi Ezékias, suivant ici la tradition rabbinique[14].

> **Osée 11.1, cité en Matthieu 2.15** : « *D'Egypte, j'ai appelé mon fils.* »

Matthieu fait ici preuve d'une grande dextérité interprétative. Il laisse de côté la LXX pour préférer le texte hébreu du prophète Osée. La LXX n'utilise pas en effet le singulier « mon fils » mais le pluriel « mes fils » bien plus explicite. Mais pour l'évangéliste, c'est bien entendu le seul et unique fils qui est en point de mire.

> **Jérémie 31.15, cité en Matthieu 2.17** : « *Une voix dans Rama s'est fait entendre, des pleurs et une longue plainte : c'est Rachel qui pleure ses enfants et ne veut pas être consolée, parce qu'ils ne sont plus.* »

Matthieu prend ici beaucoup de liberté dans son utilisation du livre de Jérémie, dont il donne une traduction on ne peut plus libre. Même les commentateurs les plus conservateurs concèdent que « rien dans le passage de l'AT ne fournit une base quelconque pour lier ce texte avec l'histoire de Jésus. [...] Comme les autres citations d'accomplissement, les versets 17-18 fonctionnent comme un commentaire éditorial d'une histoire traditionnelle, mais pas comme sa source[15]. »

> **Esaïe 8.23–9.1, cité en Matthieu 4.14** : « *Terre de Zabulon, terre de Nephtali, route de la mer, pays au-delà du Jourdain, Galilée des Nations ! Le peuple qui se trouvait dans les ténèbres a vu une grande lumière ; pour ceux qui se trouvaient dans le sombre pays de la mort, une lumière s'est levée.* »

Cette citation d'accomplissement est parmi les plus longues. Autre facette du talent matthéen : il mixe le texte hébreu avec le texte grec et en produit une version abrégée, dans laquelle tous les verbes passent à la trappe. Littérairement, c'est la chaîne géographique qui importe, pour signifier le plus important : le passage des ténèbres à la lumière, signe éclatant que « le Règne des cieux s'est approché » (v. 17).

> **Esaïe 53.4, cité en Matthieu 8.17** : « *Le soir venu, on lui amena de nombreux démoniaques. Il chassa les esprits d'un mot et il guérit tous les malades, pour que*

---

[13] Voir Es 8.8-10 ; 9.5-7 ; 11.1-5

[14] Cf. Hermann Strack et Paul Billerbeck, *Kommentar zum Neuen Testament aus Talmud und Midrash*, vol. 1, München, Beck, 1926, p. 75.

[15] Richard Thomas France, *The Gospel of Matthew*, Grand Rapids, Eerdmans, 2007, p. 83-84.

> *s'accomplisse ce qui avait été dit par le prophète Esaïe : C'est lui qui a pris nos infirmités et s'est chargé de nos maladies.* »

Théologiquement, il s'agit sans doute de la citation la plus significative. On s'attendrait à ce que les auteurs du Nouveau Testament aient utilisé largement ce texte clé du prophète Esaïe. Or, ces versets n'y apparaissent que rarement[16], ce qui ne laisse pas de surprendre. Matthieu fait ici œuvre de théologien, de manière encore plus prononcée que dans les citations précédentes. Il se concentre sur le pouvoir guérisseur de Jésus et il ignore par là même toute interprétation vicariale de sa mort, ce qui fait dire à Luz que notre citation est « un exemple de la manière dont l'exégèse chrétienne primitive, tout comme l'exégèse juive de l'époque, cite parfois des mots de l'Ecriture sans tenir aucunement compte de leur contexte[17] ».

> **Esaïe 42.1-4, cité en Matthieu 12.18-21** : « *Voici mon serviteur que j'ai élu, mon Bien-aimé qu'il m'a plu de choisir, je mettrai mon Esprit sur lui, et il annoncera le droit aux nations. Il ne cherchera pas de querelles, il ne poussera pas de cris, on n'entendra pas sa voix sur les places. Il ne brisera pas le roseau froissé, il n'éteindra pas la mèche qui fume encore, jusqu'à ce qu'il ait conduit le droit à la victoire. En son nom les nations mettront leur espérance.* »

Cette longue citation laisse perplexe. Son origine est difficile à tracer. Ce n'est ni tout à fait le texte hébreu, ni tout à fait le texte grec, ni même un savant mélange des deux. Soit Matthieu a composé sa propre traduction. Soit il a pu utiliser un texte d'Esaïe dont nous avons aujourd'hui perdu la trace. En tout état de cause, cette citation semble préparer aux tensions qui suivent. Les deux derniers vers sont essentiels : victoire et espérance, malgré les opposants.

> **Psaume 78.2 (LXX 77.2), cité en Matthieu 13.35** : « *J'ouvrirai la bouche pour dire des paraboles, je proclamerai des choses cachées depuis la fondation du monde.* »

La LXX fournit à Matthieu exactement ce qu'il recherche, car elle traduit ici le mot hébreu *māšāl* par le grec *parabolē*. Doit-on rappeler ici que la parabole n'est pas une option facilitatrice, une illustration pour rendre une histoire plus simple ? Elle est au contraire un défi que seuls les initiés seront capables de relever. Il est important de noter que ce psaume a été rédigé par Asaf, reconnu par le chroniste comme un prophète (1Ch 25.2 ; 2Ch 29.30).

> **Zacharie 9.9, cité en Matthieu 21.4** : « *Dites à la fille de Sion : Voici que ton roi vient à toi, humble et monté sur une ânesse et sur un ânon, le petit d'une bête de somme.* »

Le prophète n'est pas identifié, ce qui est toujours le cas quand il ne fait pas partie des grands prophètes : Esaïe, Jérémie ou Ezéchiel. Une fois encore,

---

[16] Cf. Ac 8.32.
[17] Ulrich Luz, *Matthew. A Commentary*, Minneapolis, Augsburg, 2001, p. 14.

Matthieu utilise le texte librement. Il adjoint à Zacharie le début d'une autre annonce du salut, qu'il emprunte à Esaïe (62.11). Il suit plutôt le texte hébreu s'agissant des animaux, au nombre de deux, à la différence de Marc et Luc, et aussi de Jean.

> **Jérémie 18.2,3, cité en Matthieu 27.9** : « *Et ils prirent les trente pièces d'argent : c'est le prix de celui qui fut évalué, de celui qu'ont évalué les fils d'Israël. Et ils les donnèrent pour le champ du potier, ainsi que le Seigneur me l'avait ordonné.* »

C'est ici la dernière citation d'accomplissement de Matthieu. Ce n'est pas en fait une citation, mais plutôt une mosaïque. La pièce essentielle – le champ du potier – provient de Jérémie (18.2-3), dont le ministère était depuis longtemps associé à l'image du potier. Les trente pièces d'argent viennent de Zacharie (11.12-13). Mais d'autres passages de Jérémie affleurent : la gargoulette (cruche) du chapitre 19, le rachat d'un champ du chapitre 32.

> **Michée 5.1, cité en Matthieu 2.6** : « *Et toi, Bethléem, terre de Juda, tu n'es certes pas le plus petit des chefs-lieux de Juda : car c'est de toi que sortira le chef qui fera paître Israël, mon peuple.* »

Je traite en dernier cette citation car elle n'est généralement pas rangée parmi les citations d'accomplissement à cause de l'absence de la formule introductive habituelle « par l'entremise du prophète ».

Michée n'est pas la seule source de cette citation. Les huit derniers mots proviennent en effet du second livre de Samuel (5.2) : « C'est toi qui feras paître Israël, mon peuple, et c'est toi qui seras le chef d'Israël. » Il est probable que cet oracle doive être lu comme une critique de la royauté jérusalémite. On espère un nouveau commencement, dans des conditions plus humbles. Pendant l'Exil, il était de bon ton de considérer que c'est l'arrogance des chefs de Jérusalem qui avait provoqué la chute[18].

Finalement, les citations d'accomplissement montrent un rédacteur habile, capable de repérer dans l'Ancien Testament des mots et des situations ouvertes, qui peuvent donner lieu à réinterprétation (ainsi la « vierge » d'Esaïe 7). Elles montrent un rédacteur qui joue avec l'hébreu et le grec, choisit ici le texte hébreu, là le texte de la LXX ; qui traduit librement si la formulation ne lui convient pas ; qui abrège les textes ou qui les mixe. Matthieu utilise l'Ancien Testament comme un gigantesque puzzle. Il y puise ses pièces, en fonction de ce qu'il veut et doit dire, sous la conduite de l'Esprit. Mais en soi, c'est Matthieu qui fait la prophétie dans sa réinterprétation des textes à la lumière de la bonne

---

[18] Cf. John Collins, « Pre-Christian Jewish Messianism. An Overview », in Magnus Zetterholm (éd.), *The Messiah in Early Judaism and Christianity*, Minneapolis, Fortress Press, 2007, p. 5.

nouvelle de Jésus. Le lecteur doit en conséquence apprendre à lire dans l'autre sens : du Nouveau Testament vers l'Ancien. C'est parce que Jésus est advenu que les textes peuvent être prophétiques. Le quatrième évangile va confirmer ce sens de lecture.

> « Ainsi de bien des manières, Matthieu a adapté les paroles [de l'Ancien Testament] pour servir à ce qu'il perçoit comme leur accomplissement, pour faire progresser son argumentaire, pour justifier à l'aide des Ecritures les origines du Messie[19]. »

On peut sans doute considérer que Matthieu est l'un des inventeurs de l'herméneutique chrétienne lors de la lecture de l'Ancien Testament.

Luc et l'absolu de la nouveauté

L'évangile de Luc ne contient que deux citations d'accomplissement. L'une au tout début de l'évangile, dans le premier discours de Jésus dans la synagogue de Nazareth (Lc 4.16-30). L'autre à la toute fin, quand Jésus chemine avec les deux disciples sur la route d'Emmaüs (Lc 24.1-12) après sa résurrection. La première occurrence met en avant l'adverbe aujourd'hui : « Aujourd'hui, cette écriture est accomplie pour vous qui l'entendez » (Lc 4.21). Le messianisme de Luc n'est pas tiraillé entre hier, l'événement, et le sens, qui adviendra demain. Tout se joue immédiatement et instantanément : aujourd'hui[20]. Le malfaiteur sur la croix n'aura pas à attendre, « aujourd'hui », il accédera au paradis.

En historien de son temps, Luc est préoccupé de placer la vie de Jésus dans le cadre de l'histoire judéo-romaine. Tout commence « au temps d'Hérode, roi de Judée » (Lc 1.5). La naissance de Jésus est précisément située au temps de César Auguste, à l'époque où Quirinius est gouverneur de Syrie (Lc 2.1,2). Le ministère de Jean le Baptiste commence « l'an quinze du gouvernement de Tibère César, Ponce Pilate étant gouverneur de la Judée, Hérode tétrarque de Galilée, Philippe son frère tétrarque du pays d'Iturée et de Trachonitide, et Lysanias tétrarque d'Abilène, sous le sacerdoce de Hanne et Caïphe » (Lc 3.1,2). Jésus entre dans l'histoire. Il fait partie de l'histoire. Et son entrée en histoire marque le début d'une ère nouvelle. C'est ce qu'a admirablement relevé Hans Conzelmann, dans son ouvrage *Die Mitte der Zeit (Le milieu du temps)*[21], paru en allemand en 1952 comme sa thèse d'habilitation à la recherche. L'histoire se découpe selon lui en trois temps : le temps d'Israël, représenté par le prophète Jean le Baptiste ; le

---

[19] Richard Thomas France, *op. cit.*, p. 73.
[20] L'adverbe grec *sēmeron*, qu'on traduit par « aujourd'hui », est employé 40 fois dans le NT, dont 20 fois pour Luc-Actes seulement, ce qui est très significatif.
[21] Hans Conzelmann, *Die Mitte der Zeit. Studien zur Theologie des Lukas*, Tübingen, Mohr Siebeck, 1993 (dernière édition, à titre posthume).

temps de Jésus (le milieu du temps) et le temps de l'Eglise (ou le temps de l'Esprit).

Quand Jésus prononce son fameux « aujourd'hui » dans la synagogue de Nazareth, il proclame le début de ce temps nouveau. A dire vrai, ce temps a commencé un peu avant, précisément au moment de son baptême. La scène est décrite par Luc de manière surprenante. Tout d'abord, les versets 19 et 20 qui précèdent le récit du baptême décrivent l'arrestation de Jean le Baptiste. On ne superpose pas les temps. Jean le Baptiste est exclu de la scène du baptême, pour lever toute équivoque. Ce n'est pas une passation de pouvoir. C'est le temps nouveau qui commence. Il est validé par la voix qui descend du ciel : « Tu es mon fils, moi, aujourd'hui, je t'ai engendré » (Lc 3.22). Cet engendrement est confirmé par la généalogie. Non sans ironie, Luc mentionne Joseph qui était, « croyait-on », le père de Jésus. La fin de la généalogie lève rapidement l'ambiguïté : Jésus est fils de Dieu (Lc 3.38). Début du temps de Jésus, mais qui inclut et porte déjà le troisième temps, celui de l'Esprit. L'Esprit est la marque du christianisme. Ce sera l'un des enjeux du livre des Actes. Sans le baptême de l'Esprit, on n'est pas chrétien, mais disciple de Jean seulement.

Quelque cinquante ans après la mort de Jésus, les évangiles synoptiques ont pris petit à petit leur forme définitive. Initialement de facture orale, ils ont été mis par écrit et ont commencé à circuler dans tout le bassin méditerranéen. Le temps a passé. Comme dans un laboratoire de développement photographique, les épreuves sont passées dans le bain révélateur. Les textes de l'Ancien Testament, qu'on connaissait pourtant depuis fort longtemps, ont pris un autre sens. On y a découvert des trésors cachés, qu'on n'avait pas repérés jusque-là. Jésus est là, et là, et là encore. L'Eglise primitive est le lieu de ce foisonnement interprétatif. Le sens est renouvelé. Des textes neutres, remaniés, recollés, retraduits pointent à présent de manière évidente vers le Christ Jésus. Il était là, dans les textes, et on ne l'avait pas vu !

Jean et l'Esprit donneur de sens

Même si les exégètes n'utilisent pas l'expression « citation d'accomplissement » pour le quatrième évangile, on peut au moins la repérer à sept reprises[22]. Mais la démarche du rédacteur est différente, du moins techniquement, car sur le fond, Jean est bien proche de Matthieu. Voici une parole importante dans la bouche du Jésus johannique : « Je vous ai parlé dès maintenant, avant l'événement, afin que, lorsqu'il arrivera, vous croyiez » (Jn 14.29).

---

[22] Jn 12.38 ; 13.18 ; 15.25 ; 17.12 ; 18.9 ; 19.24 ; 19.36.

L'événement se produit, dont Jésus est le sujet, qui peut être un geste, une parole, ou un signe. Mais il ne porte pas en lui-même son interprétation. C'est le temps qui va la lui donner, *a posteriori*. Ce n'est pas une affaire de montre ou de calendrier, mais le Paraclet, qui vient après Jésus, est celui qui va guider dans toute la vérité. C'est lui le donneur de sens. Par sa révélation, rétrospectivement, l'événement devient prophétie[23]. Dans son énoncé premier, la prophétie est incompréhensible, elle n'est pas même prophétie. Elle ne porte pas de sens tant que le Paraclet n'est pas intervenu.

Un seul exemple suffit ici à expliquer ce séquencement johannique. Il suit immédiatement le premier signe de Jésus, quand il a transformé l'eau en vin (Jn 2.1-12). Jésus quitte Cana en Galilée et se rend à Jérusalem pour célébrer la Pâque juive. Le spectacle du temple devenu une maison de trafic l'afflige : marchands d'animaux et changeurs de monnaie désacralisent le lieu. Le fouet claque, les tables valsent. « Le zèle de la maison » le dévore. Mais les autorités se braquent. « Qui es-tu toi, pour agir de la sorte ? De quelle autorité te réclames-tu ? – Détruisez ce temple et en trois jours je le relèverai » (Jn 2.19). Les Juifs prennent Jésus au mot. Ce temple est en (re)construction depuis quarante-six ans[24]. Une destruction suivie d'une reconstruction en trois jours est totalement inconcevable. Il y a entre Jésus et les autorités une incompréhension totale. Eux parlent de cet édifice de bois et de pierres. Lui parle de son corps. Sur le coup, personne ne comprend, pas même les premiers fidèles de Jésus qui assistent à la scène. Mais c'est la résurrection qui va faire sens. « Aussi, lorsque Jésus se releva d'entre les morts, ses disciples se souvinrent qu'il avait parlé ainsi, et ils crurent à l'Ecriture ainsi qu'à la parole qu'il avait dite » (Jn 2.22). C'était promis. Cela se réalise : « Le Paraclet, l'Esprit Saint que le Père enverra en mon nom, vous enseignera toutes choses et vous fera ressouvenir de tout ce que je vous ai dit » (Jn 14.26). La réminiscence est bien plus que mécanique. C'est la réminiscence de la foi qui interprète et qui permet de comprendre.

Dans le quatrième évangile, mais aussi dans les évangiles synoptiques, c'est le temps qui fait sens parce qu'il permet l'advenue de l'Esprit qui donne sens. Comme l'avaient perçu les théologiens des siècles passés, les quatre évangiles ne sont pas tant la biographie de Jésus que cette relecture interprétative des

---

[23] En ce sens, la prophétie biblique, y compris la prophétie messianique, est très loin des élucubrations d'un Nostradamus. Beaucoup d'interprétations adventistes, surtout à la marge de l'Eglise, mais pas seulement, l'ont trop souvent oublié. La prophétie biblique n'est pas toujours prédictive mais elle est surtout ré-interprétative.

[24] Nous savons par Flavius Josèphe que les travaux ont commencé en 19-20 avant l'ère chrétienne (Cf. *Antiquités juives*, livre XV, § 380).

premiers chrétiens[25]. Du brouillard épais du matin de Pâque, petit à petit, ils sont passés à la pleine lumière de l'Evangile. Un processus qui ne s'est pas produit d'un claquement de doigts, mais qui a pris plusieurs dizaines d'années pour trouver sa formulation écrite définitive.

Au début du deuxième siècle de notre ère, les anciens sont partis. Ils ont emporté dans la tombe leurs souvenirs. Mais le Paraclet a suppléé, superbement. La mémoire froide est devenue mémoire chaude. C'est comme si tout s'était passé hier. Le quatrième évangile a fait remonter à la surface les traces du passé que le temps avait enfouies.

Cette réinterprétation de l'Ancien Testament ne fut possible que grâce à la nature de certains textes. Le sémiologue italien Umberto Eco nous aide ici à comprendre ce processus quand il fait la distinction entre les textes fermés et les textes ouverts. Les premiers sont à ce point précis qu'ils n'autorisent qu'une intervention limitée du lecteur. Au contraire, les textes ouverts exigent son intervention. Les textes de l'Ancien Testament réutilisés par les auteurs du Nouveau Testament, que nous avons rapidement considérés, appartiennent à cette seconde catégorie. Ces textes formaient « un tissu d'espaces blancs, d'interstices à remplir, et celui qui [les] a émis prévoyait qu'ils seraient remplis et les a laissés en blanc[26] ».

Ce processus de réinterprétation projette une lumière différente sur notre lecture d'aujourd'hui. Mais s'il nous permet de mieux comprendre les réinterprétations multiples du Nouveau Testament, il met aussi en évidence que le messianisme de l'Ancien Testament était probablement différent de ce qu'on pense généralement. Quel était-il exactement ?

Une attente messianique vétérotestamentaire discutée

L'Ancien Testament énonce-t-il qu'un messie doit venir ? Peut-on parler d'attente messianique à l'aube de l'ère chrétienne ? Bien des chrétiens répondront par l'affirmative à ces questions. Il ne fait pour eux aucun doute que bien des textes de l'Ancien Testament annoncent la venue du Messie, l'Oint du Seigneur. Mais la situation n'est pas aussi claire qu'on le prétend. Tremper Longmann III la résume ainsi :

> « Alors que bien des chrétiens se demandent comment on peut ne pas voir que Jésus accomplit parfaitement les prophéties de l'Ancien Testament, les spécialistes se demandent quant à eux comment les auteurs du Nouveau

---

[25] La liste serait longue. Qu'il suffise de mentionner, parmi tant d'autres, Ernest Renan, Rudolf Bultmann et tous ses épigones.
[26] Umberto Eco, *Lector in Fabula, Le rôle du lecteur*, Paris, Grasset, 1979, p. 63.

Testament ont pu se risquer à utiliser ces mêmes textes en les appliquant à Jésus[27]. »

Toutes sortes de messies

La racine hébraïque *mš'ḥ* (messie) apparaît 108 fois dans l'Ancien Testament, dont 69 sous sa forme verbale. Le sens de la racine est simple : *mš'ḥ* désigne l'action de répandre de l'huile (généralement sur la tête), d'oindre, ou, au passif, d'être oint. Au départ, le sens n'est pas religieux. On pose un acte messianique, *stricto sensu*, à chaque fois qu'on verse de l'huile pour préparer l'assaisonnement d'une salade ! Ainsi, on oint les galettes sans levain pour les rendre plus digestes (Ex 29.2).

Mais la racine prend vite un sens religieux et cérémoniel. Ainsi, Aaron et ses fils sont « oints » (Ex 28.41) ; les prêtres le seront à leur suite (Nb 3.3 ; Lv 4.3). Mais aussi David et quasi tous les rois (1S 16.12 ; 2S 12.7 ; Ps 89.21 ; 1Ch 11.3). Salomon est même oint deux fois (1Ch 29.22). Les mauvais rois n'échappent pas au cérémoniel. Ainsi Sédécias (Lm 4.20). Un roi étranger – Cyrus, roi de Perse – a reçu l'onction (Esaïe 45.1). Les prophètes aussi sont oints, tel Elisée (1R 19.16).

On peut oindre une pierre levée (Gn 31.13), l'autel et tout le sanctuaire (Lv 8.11 ; Nb 7.1), le peuple (Lv 7.36). Enfin, dans un contexte guerrier, le bouclier est oint d'huile (Es 21.5). Le champ sémantique de la racine est donc très large. L'onction n'a d'ailleurs pas son origine en Israël ni dans la Bible hébraïque. Cette pratique se retrouve en Canaan, avant l'arrivée des Israélites[28].

Statistiquement, les chiffres qui suivent interpellent. On l'a vu : 108 emplois de la racine. Dans le même corpus vétérotestamentaire, le mot roi (hébreu *mlk*) apparaît 2 891 fois, le mot prêtre (hébreu *khn*) à 773 reprises. Ces différentes fonctions étant conférées par une onction, le tableau est donc plus complexe qu'on le voudrait. Il y a beaucoup de messies dans l'Ancien Testament. Que pourrait donc vouloir dire l'attente messianique ?

L'attente messianique n'est pas un marqueur identitaire du judaïsme

Les spécialistes, tant juifs que chrétiens, se sont attelés depuis plusieurs décennies à la tâche de définir ce qu'est effectivement le judaïsme à l'aube de

---

[27] Tremper Longmann III, « The Messiah: Explorations in the Law and Writings », in Stanley Porter (éd.), *The Messiah in the Old and New Testaments*, Grand Rapids, Eerdmans, 2007, p. 13.
[28] Cf. *Lettre d'Amarna*, du XVe siècle avant l'ère chrétienne.

l'ère chrétienne. Deux ouvrages de Sanders[29], et les débats qu'ils ont suscités, ont largement contribué à renouveler la compréhension du sujet. Cet exégète et historien définit ainsi ce qu'il nomme le judaïsme de base (*common Judaism*) : « La croyance que leur Dieu était le seul vrai Dieu, qu'il les avait choisis et leur avait donné sa loi, et qu'il leur était demandé de la respecter, tout cela est la base de la théologie juive[30]. » Election divine et don de la loi se combinent. C'est ce que Sanders appelle le nomisme contractuel (*covenantal nomism*). « Dans cette expression, le mot contrat/alliance désigne la grâce divine manifestée dans l'élection – l'entrée dans l'alliance. Le mot nomisme désigne le respect de la loi (*nomos* en grec) – rester dans l'alliance[31]. »

Quels sont alors les marqueurs identitaires du judaïsme ? Dunn repère les quatre piliers suivants : « le monothéisme, l'élection, l'alliance et le territoire. L'espérance en l'avenir ne fait pas partie de ces piliers, et le messianisme encore moins[32]. » En 1992, Charlesworth confirme « qu'aucun membre du Symposium de Princeton sur le messianisme n'oserait imaginer qu'un historien digne de ce nom puisse affirmer qu'il y eut une espérance messianique juive répandue au temps de Jésus[33] ». Perrot manie la litote mais arrive à la même conclusion : « Il ne faut pas majorer l'importance de l'attente messianique (c'est-à-dire d'un roi futur) au Ier siècle, sans l'éliminer évidemment ! On reste surpris, en effet, par le très petit nombre des mentions anciennes concernant le messie[34]. »

Petit nombre, en effet, mais qui n'est pourtant pas insignifiant. S'il n'y a pas d'attente messianique forte et continue, il existe dans l'Ancien Testament un courant messianique qu'on ne peut ignorer, mais qui s'exprime de manière diverse et circonstanciée.

Les deux définitions du messianisme vétérotestamentaire

Un messie pour aujourd'hui. On l'a vu précédemment, la racine qui donne le mot messie couvre de multiples réalités, de la plus matérielle à la plus spirituelle.

---

[29] Voir Ed Parish Sanders, *Paul and Palestinian Judaism*, Philadelphia, Fortress Press, 1977 ; Ed Parish Sanders, *Judaism. Practice & Belief, 63 BCE–66 CE*, London, SCM, 2005[4]. Voir aussi James Dunn, *The New Perspective on Paul*, Grand Rapids, Eerdmans, 2008. La très abondante littérature sur le sujet a pour le moins ébranlé l'interprétation luthérienne des épîtres pauliniennes.

[30] Ed Parish Sanders, *Judaism*, p. 241.

[31] *Ibid.*, p. 262.

[32] James Dunn, *The Partings of the Ways Between Christianity and Judaism and Their Significance for the Character of Christianity*, Philadelphia, Trinity Press, 1991, p. 18-36 ; Sanders, *Judaism*, p. 295.

[33] James Charlesworth (éd.), *The Messiah. Developments in Earliest Judaism and Christianity*, Minneapolis, Fortress, 1992, p. 5.

[34] Charles Perrot, *Jésus et l'histoire*, Tournai, Desclée, 1993, p. 151.

Mowinckel, l'un des pères de la recherche sur le messianisme, soutient que le mot messie ne peut désigner partout et toujours la même réalité.

> « Dans le judaïsme récent, le mot "messie" désigne un personnage eschatologique. Il appartient au "temps dernier" ; sa venue se situe dans le futur. Utiliser le mot "messie" renvoie à l'eschatologie, aux choses dernières. Mais c'est faire des mots "messie" et "messianique" un usage inapproprié quand on les associe à Israël ou à l'Orient ancien quand les rois siégeaient sur le trône[35]. »

Il y a donc une première définition du messianisme qui désigne simplement un roi, la plupart du temps, qui a reçu l'onction au moment de son couronnement. L'origine de ce premier messianisme est sans doute à chercher dans le deuxième livre de Samuel (chapitre 7). Quand David se met en tête de construire une maison pour le Seigneur, Dieu le reprend. Il n'a jamais rien demandé de tel. Par contre, il s'engage à assurer à jamais la succession davidique sur le trône :

> « Le SEIGNEUR t'annonce que le SEIGNEUR te fera une maison. Lorsque tes jours seront accomplis et que tu seras couché avec tes pères, j'élèverai ta descendance après toi, celui qui sera issu de toi-même, et j'établirai fermement sa royauté. [...] J'établirai à jamais son trône royal. Je serai pour lui un père, et il sera pour moi un fils. S'il commet une faute, je le corrigerai en me servant d'hommes pour bâton et d'humains pour le frapper. Mais ma fidélité ne s'écartera point de lui, comme je l'ai écartée de Saül, que j'ai écarté devant toi. Devant toi, ta maison et ta royauté seront à jamais stables, ton trône à jamais affermi » (2S 7.11-16).

Juste quelques lignes plus haut, Dieu a aussi indiqué qu'il fixerait un lieu à Israël : « Je l'implanterai et il demeurera à sa place » (verset 10). Voilà donc le fondement du premier messianisme. S'il y a des textes messianiques dans l'Ancien Testament, c'est essentiellement dans la période préexilique qu'on les retrouve. Ils sont réminiscence de cette promesse fondatrice. On se rappelle sans cesse ce que Dieu avait promis à David. Tous les rois sont la réalisation de cette promesse, tous messies. Après avoir examiné dix-sept textes de l'Ancien Testament, essentiellement dans les deux livres de Samuel, Fitzmyer conclut que le mot messie renvoie toujours à un roi régnant, sans jamais énoncer la moindre attente messianique[36].

Dans le livre des Psaumes, il est aisé de repérer ce qu'on a coutume d'appeler des psaumes messianiques (2 ; 18 ; 20 ; 21 ; 45 ; 72 ; 101 ; 110 ; 132, etc.). Dieu y est souvent loué par un roi ; on invoque les promesses divines pour un roi régnant ; on célèbre un couronnement ; on exprime sa reconnaissance pour une victoire acquise ; on prie pour la victoire dans un combat qui s'annonce. Ces psaumes

---

[35] Sigmund Mowinckel, *He that cometh. The Messiah Concept in the Old Testament & Later Judaism*, Grand Rapids, Eerdmans, 2005 (1ère édition 1956), p. 3.
[36] Joseph Fitzmyer, *The one who is to come*, Grand Rapids, Eerdmans, 2007, p. 13-16.

messianiques ne sont jamais prédictifs. Il s'agit essentiellement de prières rattachées à des circonstances particulières[37].

S'agissant des prophètes, on a vu comment ils ont été utilisés par les évangiles, Matthieu en particulier. Ce qui est certain, c'est que les temps difficiles – la chute des royaumes du Nord puis du Sud – ont sonné le glas des conceptions messianiques initiales. Collins parle ici de « dissonance cognitive entre la réalité et la promesse divine, qui fonde l'espérance messianique[38] ». Quand les Juifs furent autorisés à rentrer de Babylonie, les livres d'Aggée (1-2) et de Zacharie (1-6) font état d'une sorte de fièvre messianique. Mais elle fut de courte durée, car la dynastie perse n'était pas prête à accepter le rétablissement d'un royaume juif. Le second Esaïe fut sans doute plus prudent qu'Aggée et Zacharie quand il accorda à Cyrus, un roi ni davidique ni juif, le titre de Messie du Seigneur (Es 45.1). C'est donc la fin du premier messianisme, davidique historique. Mais à Babylone, dans les couloirs de la cour royale, se dessine un autre messianisme, résolument porté vers l'avenir.

Un messie pour demain. L'Exil ouvre une autre séquence messianique. C'est d'abord Ezéchiel, qui rêve d'un temple reconstruit (Ez 40-43) d'où coule la source bienfaisante, un petit filet d'eau qui devient un torrent impétueux dévalant les pentes du désert de Judée, bouleversant tout sur son passage. A l'arrivée, même la mer n'est plus Morte (Ez 47). L'horloge du temps tourne à l'envers. C'est David qui revient (*David redivivus*) : « Je susciterai à la tête de mon troupeau un berger unique ; lui le fera paître : ce sera mon serviteur David. Lui le fera paître, lui sera leur berger. Moi, le SEIGNEUR, je serai leur Dieu et mon serviteur David sera prince au milieu d'eux. Moi, le SEIGNEUR, j'ai parlé » (Ez 34.23,24). Le messie n'est plus le roi puissant, qui a vaincu tous les ennemis. L'heure n'est plus aux illusions. C'est sous les traits d'un modeste berger qu'il apparaît. Il est à noter que cette métaphore pastorale n'a pas été reprise par les évangiles synoptiques, mais par Jean seulement. Comme dans l'Ancien Testament, le quatrième évangile a bien compris que les idées de grandeur n'étaient plus ou pas de mise.

Mais c'est surtout le livre de Daniel qui va transformer en profondeur le messianisme de l'Ancien Testament. Ici messianisme et eschatologie vont s'adjoindre pour produire l'apocalyptique. Il s'agit d'un changement de paradigme, qui inclut l'introduction d'un personnage nouveau : un Fils d'Homme (Dn 7.13ss).

---

[37] Cf. Sigmund Mowinckel, *op. cit.*, p. 12.
[38] John Collins, *op. cit.*, p. 2.

Ce n'est pas le lieu d'entrer ici dans les difficiles discussions sur l'identité de cette figure, qui ne porte jamais le titre de messie. Certains interprètes l'assimilent à la figure messianique du chapitre 9 (verset 26), mais ce n'est pas la majorité des interprétations. L'utilisation de cette titulature, privilégiée par le Jésus de l'évangile de Marc, n'est bien évidemment pas étrangère à ce type de lecture. Quoi qu'il en soit, et cela n'en sera que plus parlant à l'époque des Maccabées, surgit dans le livre de Daniel un « libérateur au service de Dieu, [qui] opère au niveau céleste : le sort d'Israël est déterminé par la bataille opposant Michaël et les princes de la Grèce et de la Perse (Dn 10.20,21). Ce type de libérateur, transcendant et céleste, va jouer un rôle de plus en plus important dans l'eschatologie juive dans les siècles qui vont suivre[39]. »

Cette deuxième définition, qui fonde l'apocalyptique biblique, n'est pas seulement le changement de paradigme que j'évoquais plus haut. Elle va produire également un foisonnement de sens. Car s'il est bien des textes qui sont ouverts, qui génèrent donc de multiples interprétations, ce sont les textes qui appartiennent au genre apocalyptique. Eclatement de sens : le judaïsme du Second Temple, porté par la littérature intertestamentaire[40], va s'en faire l'écho, quoique modestement.

Le messianisme dans la littérature du Second Temple

Dans son inventaire des sources utilisées par les auteurs néotestamentaires, l'édition grecque du Nouveau Testament relève pas moins de quatre cents références venant de la littérature apocryphe et pseudépigraphique. Il peut s'agir de citations directes ou d'allusions. Les plus notables et incontestées se trouvent dans la lettre de Jude, qui cite le *Livre d'Hénoch*, le *Testament de Nephtali* et l'*Assomption de Moïse*[41].

La théologie adventiste traditionnelle se montre généralement plutôt frileuse dans l'utilisation de ces sources extra-canoniques. Elle ne fait ici que suivre aveuglément les positions évangéliques les plus radicales. On notera cependant que, jusqu'à la fin du XIXe siècle, quasi toutes les traductions de la Bible incluaient les livres dits apocryphes. Les pères fondateurs de l'adventisme

---

[39] John Collins, *The Scepter and the Star. The Messiahs of the Dead Sea Scrolls and Other Ancient Literature*, New York, Doubleday, 1995, p. 37.
[40] J'appelle littérature intertestamentaire les livres apocryphes mais aussi les pseudépigraphes, qui n'ont jamais fait partie du canon alexandrin (LXX). Mais cette nomenclature porte en elle-même ses limites. Car elle inclut aussi l'œuvre de Flavius Josèphe, écrite au premier siècle de l'ère chrétienne, et d'autres œuvres encore, difficiles à dater avec précision.
[41] Voir dans le *Novum Testamentum Graece*, Nestle-Aland XXVIII, la section intitulée *Loci citati vel allegati*. Pour Jude, voir entre autres *Hénoch* 6-10 ; 89.62 ; 108.7 ; 18.5. Voir aussi le *Testament de Nephtali* 3.4,5. Voir encore l'*Assomption de Moïse* 7.9.

eurent vis-à-vis de cette littérature une position bien plus ouverte qu'on ne le croit. Il suffit de citer ici Joseph Bates, qui fit en 1849 sur le *Second livre d'Esdras* la déclaration suivante : « Le *Second livre d'Esdras* contient des vérités très importantes pour ceux qui obéissent à la loi et aux commandements divins[42]. » Il n'est bien sûr pas question d'apposer sur cette littérature le tampon de l'inspiration divine. Mais ces livres constituent une mine inépuisable d'informations sur la période située entre les deux Testaments. Cette période fut tout sauf stérile. La littérature religieuse qui y fut produite, à l'intérieur du judaïsme, est bien plus prolixe que celle retenue dans le canon. C'est donc non sans raison que je me tourne vers elle, pour compléter notre nécessaire information.

Je suis ici de près le cadre fixé par Pomykala dans l'article sur le messianisme publié dans *The Eerdmans Dictionary of Early Judaism*[43]. Ce qui est caractéristique de la période intertestamentaire, c'est la fragmentation du messianisme.

Un messie royal

Après la fin de la dynastie davidique provoquée par la chute de Jérusalem en 586, le messianisme royal tend à disparaître. Entre 500 et 200, l'idée même d'une restauration monarchique semble absente. Mais elle va réapparaître pendant la période maccabéenne. La dynastie hasmonéenne perd rapidement de son aura. Après une période faste, la corruption la gangrène. La prise de pouvoir romaine suite à l'intervention de Pompée en 63 avant notre ère sonne le glas. Ressurgit alors ce messianisme royal, qui se réclame de la promesse faite à David. Les dirigeants impies, qu'ils soient juifs ou romains, seront remplacés par un roi approuvé par Dieu, le fils de David. C'est ce qu'exprime entre autres le *Psaume de Salomon* :

> « Seigneur, tu es notre roi à jamais et toujours. C'est donc en toi, notre Dieu, que se glorifiera notre âme. [...] C'est toi, Seigneur, qui as choisi David come roi sur Israël. C'est toi qui, par serment, lui fis promesse éternelle d'une postérité dont le royaume ne s'éteindrait pas devant toi. Mais nos péchés ont dressé contre nous des pécheurs ; ils nous ont assaillis et nous ont chassés. Ce que tu ne leur avais pas promis, ils s'en sont emparés de force. Ils n'ont pas rendu gloire à ton nom vénérable. Leur orgueil les a poussés à fonder une royauté : ils ont dépouillé le trône de David, impudents imposteurs ! [...] L'Impie a dévasté notre pays qui n'a plus d'habitants. Il a massacré les jeunes et les vieux et leurs enfants ensemble. [...] Regarde, Seigneur, et suscite-leur leur roi, fils de David,

---

[42] Joseph Bates, *A Seal of the Living God. A Hundred Forty-four Thousand, of the Servants of God Being Sealed*, New Bedford, Press of Benjamin Lindsey, 1849, p. 66-67.

[43] Kenneth Pomykala, article « Messianism », in John Collins et Daniel Harlow (éd.), *The Eerdmans Dictionary of Early Judaism*, Grand Rapids, Eerdmans, 2010, p. 938-942.

au moment que tu sais, ô Dieu, pour qu'il règne sur Israël ton serviteur ! Et ceins-le de force pour qu'il brise les princes injustes, qu'il purifie, par la sagesse et la justice, les pécheurs de l'héritage[44] ! »

Certains textes de Qumran expriment la même attente d'un messie de type davidique. C'est le cas du *Florilège* (4Q174 i.10-12) :

> « C'est le Germe de David qui se lèvera avec le Chercheur de la Loi (et) qui [trônera] à Si[on à la f]in des jours, ainsi qu'il est écrit : *Je relèverai la hutte de David qui est tombée ; cette hutte de David qui est tombée*, (c'est) celui qui se lèvera pour sauver Israël. »

Pourtant, la figure davidique est ici associée au Chercheur de la Loi. D'autres textes de Qumran indiquent clairement que la référence à David est purement militaire. Il n'est rien de plus que le chef qui mène la bataille contre les ennemis.

Un messie sacerdotal

Les textes de l'Ancien Testament ne manquent pas qui se réfèrent au grand prêtre ayant reçu l'onction[45]. De son côté, le livre de Zacharie mentionne « les deux hommes désignés pour l'huile » (4.12-14), Josué, le grand prêtre, et Zorobabel, le chef politique, ce qui indique déjà en cette période de reconstruction après l'Exil que le messianisme se redessine en fonction des circonstances. Le *Livre des Jubilés* va plus loin encore. La bénédiction prophétique de Jacob sur Lévi met clairement en avant les membres de cette tribu sacerdotale. A leurs fonctions habituelles relatives au sanctuaire et au temple s'ajoute un rôle politique évident. C'est à eux de diriger le pays :

> « La race de tes enfants vivra comme ceux-ci pour la gloire, l'honneur et la sanctification. (Dieu) les rendra grands en tous les âges, et ils seront des juges, des princes et des chefs pour toute la race des fils de Jacob. Ils diront à bon droit la parole du Seigneur et exerceront à bon droit Ses jugements » (*Jubilés* 31.14,15).

A Qumran, l'*Apocryphe de Lévi* (4Q541) mentionne un grand prêtre eschatologique :

> « Il fera l'expiation pour tous les enfants de sa génération et il sera envoyé à tous les enfants de son [peuple]. Sa parole est comme la parole qui vient des cieux, et son enseignement comme la volonté de Dieu. Son soleil éternel brillera et ses rayons brûleront en tous jusqu'aux extrémités de la terre ; au-dessus de l'obscurité, il brillera[46]. »

---

[44] Extraits du *Psaume de Salomon*, 17. Sauf indication contraire, toutes les références à la littérature du Second Temple sont tirées de *La Bible. Ecrits intertestamentaires*, édition publiée sous la direction d'André Dupont-Sommer et Marc Philonenko, Paris, Gallimard, 1987.

[45] Ainsi Lv 4.3,5,16 ; 16.5.

[46] Frag. 9, col.1, 2-5 ; c'est nous qui traduisons. *Le Testament de Lévi*, dont l'édition dans sa forme présente est probablement chrétienne, se fait l'écho de ce texte de Qumran : « Alors, le Seigneur

Un autre texte ne peut être passé ici sous silence, même si pour certains commentateurs il est d'essence chrétienne : le *Testament de Lévi*, dans les *Testaments des douze patriarches*. On y lit ceci :

> « Après que leur châtiment se sera exercé de la part du Seigneur, le sacerdoce disparaîtra. Alors, le Seigneur suscitera un Prêtre nouveau à qui toutes les paroles du Seigneur seront révélées : c'est lui qui exercera un jugement de vérité sur la terre durant une multitude de jours. Son astre se lèvera dans le ciel comme celui d'un roi, resplendissant de la lumière de la Connaissance, comme le soleil brille en plein jour, et il sera magnifié dans le monde entier. Il resplendira comme le soleil de la terre, il supprimera toutes ténèbres de dessous le ciel et la paix régnera sur toute la terre » (*T. Lévi*, 18).

On note que le personnage décrit appartient à une catégorie toute particulière. Il cumule la prêtrise et la royauté, ce qui n'est pas sans faire penser à Jésus tel qu'il est décrit dans le sermon aux Hébreux. Rattaché à Melkisédeq, il est à la fois prêtre et roi[47].

Un messie prophétique

Au moins deux textes de l'Ancien Testament ont pu fonder l'attente en un messie prophète. Le Deutéronome d'abord : « C'est un prophète comme moi que le SEIGNEUR ton Dieu te suscitera du milieu de toi, d'entre tes frères ; c'est lui que vous écouterez » (Dt 18.5). Malachie ensuite : « Voici que je vais vous envoyer Elie, le prophète, avant que ne vienne le jour du SEIGNEUR, jour grand et redoutable » (Ml 3.23). Le *Siracide* se fait l'écho de ces promesses (48.10), tout comme le *Premier livre des Maccabées* (1M 14.41). Il semble bien que cette attente se soit concentrée sur le retour d'Elie. Deux textes au moins parmi les manuscrits de la mer Morte pourraient confirmer ce point. Le plus important (4Q521) est en fort mauvais état et son interprétation est encore sujette à discussion. Certains spécialistes, comme Collins, n'hésitent pourtant pas à y voir une description du prophète Elie *redivivus* :

> « Il honorera les pieux sur le t[rô]ne de Son royaume éternel, affranchissant les captifs, rendant la vue aux aveugles, redressant ceux qui sont cour[bés] [...] et le Seigneur réalisera des prodiges qui n'ont jamais été accomplis, ainsi qu'Il l'a

---

suscitera un Prêtre nouveau à qui toutes les paroles du Seigneur seront révélées : c'est lui qui exercera un jugement de vérité sur la terre durant une multitude de jours » (18.1,2).

[47] Voir sur ce point les quelque dix citations du Psaume 110 dans Hébreux. Ce refrain affirme que Jésus est à la fois grand prêtre et roi. Cf. Jean-Claude Verrecchia, « L'utilisation du refrain dans le sermon aux Hébreux », in Alain Gignac (éd.), *Narrativité, oralité et performance*, Leuven, Peeters, 2018, p. 253-270.

dit. Car Il guérira les blessés graves, Il ressuscitera les morts, Il consolera les affligés [...] et les affamés, Il les comblera[48]. »

L'autre texte est l'*Apocryphe de Moïse* (4Q375). Il ne fait que mentionner la promesse d'un prophète.

Le *Testament de Benjamin*, lui aussi de facture probablement chrétienne, donne une autre version de l'attente prophétique. Ce n'est pas Elie qui est attendu, mais Hénoch, le juste : « Le Seigneur envoie son salut par la visite d'un prophète unique » (*T. Benjamin*, 9).

Sans doute née à la fin de la période hasmonéenne (Ier siècle avant l'ère chrétienne), cette littérature exprime une déception en même temps qu'une souffrance. On s'aperçoit en effet que la restauration royale n'aura sans doute jamais lieu. Les Romains paraissent trop forts. Le ciel est silencieux. La parole du Seigneur est rare. On se prend à espérer qu'il accomplira cette autre promesse.

Un messianisme hybride

J'entends par messianisme hybride celui où l'espérance est fluctuante et mélangée. C'est essentiellement le cas de l'attente messianique essénienne, en vogue non seulement dans la communauté de Qumran mais aussi dans les quartiers esséniens urbains, comme à Jérusalem.

Il y a quelque quarante-cinq ans, à une époque où les manuscrits de la mer Morte étaient loin d'être tous publiés et accessibles, Starcky avait su repérer ce qu'il appela alors « les quatre étapes du messianisme à Qumran[49] ». Mais plus encore qu'il n'avait pu le déceler, il y a de tout dans l'espérance messianique essénienne !

- ✓ Un messie de type résolument davidique. C'est le « rameau [qui] sortira de la souche de Jessé[50] ».
- ✓ Un prince, de type politique[51].

---

[48] 4Q521, dans Michael Wise, Martin Abegg Jr, Edward Cook, *Les manuscrits de la mer Morte*, Paris, Plon, 2001. Il n'est pas anodin que le premier discours de Jésus dans la synagogue de Nazareth reprenne les mêmes éléments. Voir aussi 4Q382, l'*Apocryphe d'Elie*. La Mishna indique qu'à son retour Elie s'érigera en juge, pour régler les différends en suspens, et surtout pour ressusciter les morts. Voir *Eduyot* 8.7 et *Sota* 9.15.

[49] Jean Starcky, « Les quatre étapes du messianisme à Qumran », dans *Revue biblique* 70 (1973), p. 481-504. Dans le détail, l'analyse est maintenant incomplète, mais le cadre général reste largement pertinent.

[50] 4Q161 (Pesher d'Esaïe) VII–X.iii.22 ; voir aussi 4Q252 V.3,4 (4QPesher de la Genèse).

[51] Ainsi en CD VII.19,20 ; 1QSb V.20 ; 1QM XI.6,7.

- ✓ Un messie à deux têtes : le messie d'Aaron et d'Israël[52].
- ✓ Deux messies, accompagnés du prophète : « On commença à instruire les hommes du *Yadad*, et ils poursuivront ainsi jusqu'à la venue du Prophète et des Messies d'Aaron et d'Israël[53] ».
- ✓ « L'Oint de l'Esprit, dont parle Daniel : "Au terme des soixante-deux semaines, un Oint sera supprimé"[54] ».

Je ne peux entrer ici dans le détail. Je conclurai ce survol par l'un des textes les plus significatifs, le *Testimonia* (4Q175). Ce document se présente comme une *catena*, un enchaînement thématique de textes de l'Ancien Testament. Il résume à lui seul quel était l'état de l'attente messianique dans cette secte importante à l'heure de Jésus. Trois textes sont cités : Deutéronome 5, qui met en avant la venue d'un nouveau prophète ; Nombres 24, qui présente un messie royal, le sceptre, l'étoile, le dominateur ; Deutéronome 33.8-11, qui inclut la bénédiction sacerdotale de Lévi.

Conclusion

Tout était-il clair ? Certainement pas. Peut-on en accuser les disciples en fuite ? Encore moins. Jésus l'avait bien senti avant l'heure : « En chemin, il interrogeait ses disciples : "Qui suis-je, au dire des hommes ?" Ils lui dirent : "Jean le Baptiste ; pour d'autres, Elie ; pour d'autres, l'un des prophètes" » (Mc 8.27,28).

Attente à multiples facettes, s'il en est.

Absence d'attente tout d'abord, car le peuple d'Israël n'a pas besoin de messie. L'alliance lui suffit. Qu'a-t-on besoin d'un messie quand le roi règne, béni de Dieu ? Mais quand la royauté tourne mal, quand les rois s'enfoncent dans l'idolâtrie et la corruption, quand l'ennemi prend le dessus, alors on se met à espérer une restauration dynastique. David va revenir. Mais ce sont les hasmonéens qui prennent le dessus. Des prêtres et grands prêtres, qui remettent le temple en état. Une prêtrise aux affaires pourrait remettre tout en place. Et ils y parviennent presque quand en 164 le temple est restauré, purifié. Mais bientôt, ces prêtres se font rois et creusent le lit des Romains. Fin des illusions dynastiques. Le silence divin se fait de plus en plus pesant. Hérode, en fin politicien, ramasse la mise. Il n'est pas juif, mais suffisamment habile pour

---

[52] Ainsi dans CD XIX.10,11 ; CD XIX.32–XX.1.
[53] 1QS IX.11.
[54] 11QMelch II.16,18.

comprendre qu'un embellissement et un agrandissement significatifs du temple pourraient lui conférer un statut quasi messianique.

Or à Bethléem, parmi les animaux, naît un tout petit bout de chou. Sûrement pas de sang royal, sinon ses parents se seraient comportés autrement ! Gamin, voilà qu'il en remontre aux scribes et savants de l'époque. Et lors de sa première apparition dans le temple, il en prédit la destruction en trois jours. Blasphème. Aucun risque pourtant car le pouvoir ne l'intéresse pas : il annonce qu'il va souffrir beaucoup et qu'il va y laisser la vie. Il est tout, sauf un messie. Plutôt un antimessie. Et il en est mort.

Et c'est ainsi que l'une des plus grandes incompréhensions de l'histoire a donné naissance à la plus grande révolution de l'histoire...

Pourquoi Jésus est-il mort sur la croix ?

Roland Meyer[1]

La réflexion du Nouveau Testament se focalise sur la personne du Christ et plus spécifiquement autour de son œuvre accomplie pour sauver l'humanité. Les écrivains bibliques disent des faits en utilisant des expressions de la vie courante pour tenter d'exprimer, voire de « comprendre » les raisons de la mort de Jésus. Les réponses données aux grandes questions soulevées par la christologie et la sotériologie sont multiples. Elles peuvent être influencées par la tradition, la culture ou l'origine de celui qui les formule. Les écrivains bibliques content une histoire, montrent des « photos », situent des faits dans des contrées connues, utilisent des comparaisons et des métaphores, expliquent ce qu'ils ont vu pour nous conduire au plus près du concept théologique qu'ils veulent faire entendre. Les métaphores utilisées pour tenter de faire comprendre l'acte salvifique aux gens du Ier siècle sont nombreuses et les catégories variées. Mais nous permettent-elles de comprendre avec précision les raisons de la mort du Christ sur la croix ? Nous tenterons d'apporter des éléments de réponse, sans avoir la prétention d'affirmer qu'ils sont incontestables.

Si les auteurs du Nouveau Testament donnaient tous la même « explication » avec le même vocabulaire et si les Pères de l'Eglise, les premiers interprètes des textes, lisaient l'événement de manière uniforme, la question ne se poserait peut-être pas, car la solution serait donnée. Différentes catégories connues à l'époque sont utilisées pour dire l'incompréhensible. Des tentatives d'explications sont faites au travers des catégories marchandes et financières : rançon, prix payé, rédemption. Des catégories juridiques sont aussi utilisées : la mort du Christ justifie le coupable. La dimension cultuelle est également mise en avant : il est question de substitution et de sacrifice, d'immolation et de prêtrise.

---

[1] Roland Meyer, docteur en théologie, est professeur de théologie systématique à la Faculté adventiste de théologie de Collonges-sous-Salève (France).

La christologie étudie la personne du Christ. La sotériologie tente de comprendre son œuvre rédemptrice. Il est donc difficile, voire impossible, de séparer l'une de l'autre. Quant à l'eschatologie, elle s'attache à l'étude du Christ qui revient pour mettre un terme à la souffrance en supprimant l'auteur du mal et la mort. Christologie, sotériologie et eschatologie ne définissent que des parties qui constituent un tout s'inscrivant au cœur de l'histoire de l'humanité et qui révèlent le mode opératoire divin pour le salut de l'humanité.

Depuis le IIe siècle jusqu'à nos jours, de nombreuses tentatives d'explications ont été données pour essayer de comprendre et justifier la mort du Christ[2]. Face à cette question fort complexe, nous ne pourrons donner que quelques pistes de réflexion qui permettront de découvrir, ou de redécouvrir, certaines facettes de la personne de notre Créateur et de son œuvre rédemptrice. La croix demeure un mystère. Holzer le dit fort bien :

> « Les récits évangéliques de la Passion déroulent implicitement un vaste horizon théologique vétérotestamentaire de notions et d'images qui ne peuvent être synthétisées sur leur propre plan et qui ne peuvent offrir que des orientations pour l'intelligence d'une réalité qui les dépasse toutes et qui s'accomplit précisément dans le *mysterium crusis*[3]. »

Notre démarche s'articule autour de trois axes : une première réflexion christologique au sein de laquelle nous considérons des questions propres à l'incarnation, comme la double nature du Christ, son humanité et son impeccabilité. Nous consacrons une deuxième partie à des considérations d'ordre sotériologiques, à savoir la mort du Christ sur la croix et quelques développements sur la métaphore de la rançon, les sacrifices dans l'Ancien Testament, la mort de Jésus, le cri de déréliction et la réconciliation. Dans la dernière partie nous abordons les questions relatives à l'eschatologie et plus spécialement en lien avec la résurrection du Christ et ce qu'elle implique pour le croyant qui est au bénéfice de la justification.

L'incarnation du Christ

Malgré le mystère qui l'entoure, l'incarnation de Jésus est présentée comme une réalité historique par les auteurs du Nouveau Testament. C'est ce que fait Jean

---

[2] Voici quelques-unes des tentatives d'explications avancées : Dieu a été lésé, sa justice devait être satisfaite donc un innocent devait payer pour le coupable ; Jésus, homme-dieu a dû être sacrifié pour satisfaire la colère divine et obtenir réparation ; Jésus s'est substitué au pécheur et a subi la mort qui aurait dû lui être infligée ; la croix était là pour amener l'homme à réfléchir et à éveiller son amour pour Dieu ; Dieu ne pouvait exiger un sacrifice substitutif expiatoire ; la mort du Christ n'avait aucun lien avec un sacrifice ; Dieu n'a pas voulu la mort de Jésus, il ne l'avait pas prévue ; le fait que Dieu sauve gratuitement est incompatible avec la notion sacrificielle ; Dieu nous sauve malgré la croix ; le sacrifice de Jésus n'est pas un sacrifice rituel mais existentiel.
[3] Vincent Holzer, *Le Christ devant la raison. La christologie devenue philosophème*, Paris, Cerf, 2017, p. 394.

lorsqu'il affirme que le *Logos* est devenu chair. Le mouvement du haut vers le bas, de l'infini vers le fini, est clairement attesté. Il s'agit bien de la pénétration de l'éternel dans l'éphémère, comme l'exprime Cullmann : « La Parole, le Logos, est Dieu dans l'acte de sa révélation. Et les actes de Dieu ne se révèlent aux hommes nulle part plus concrètement que dans l'histoire, qui, du point de vue théologique, représente, en son essence intime, les rapports qui existent entre Dieu et les hommes[4]. »

Dans un texte unique (Ph 2.5-7), Paul exprime cette même idée de la descente du divin dans l'humain. Il précise ici que Jésus était vraiment Dieu, qu'il possédait les caractéristiques essentielles de Dieu. En prenant la forme d'un esclave, il assume les caractéristiques de l'humain. Alors qu'il était Dieu, il devint pleinement homme. L'apôtre ne parle pas de simulation, mais d'une véritable humanité acceptée volontairement par Christ. Il s'agit bien d'une incarnation et non d'une métamorphose. « Lui qui était vraiment [en forme (*morphē*)] divin, il ne s'est pas prévalu d'un rang d'égalité avec Dieu, mais il s'est vidé (*kenoō*) de lui-même en se faisant vraiment [en forme (*morphē*)] esclave, en devenant semblable aux humains ; reconnu à son aspect comme humain » (Ph 2.5-7). Cette déclaration est la base de toute la construction du christianisme. Elle est aussi unique. Aucune religion ne prétend accorder le salut aux humains par ce biais.

Si nous traduisons *morphē* par essence ou substance, c'est que nous donnons à l'expression un sens philosophique. Cela n'a rien d'impossible, car dire que Christ était d'essence divine c'est être en accord avec beaucoup de textes du Nouveau Testament. Mais le problème se pose dans notre verset avec le verbe *kenoō* – il s'est vidé. Pour Stéveny, « un être vidé de son essence est tout simplement anéanti[5]. » Si nous traduisons *morphē* par apparence, c'est affirmer que Jésus n'est pas Dieu. S'il n'est pas Dieu alors il n'est pas non plus devenu homme. Dans les deux cas, ce n'était qu'une apparence. La troisième possibilité serait de dire que *morphē* n'a pas pour intention de définir la nature du Christ, pas plus que son apparence, mais « sa condition, sa position, ou sa gloire[6] ».

La double nature de Jésus

Jésus est né d'une femme, c'est l'affirmation des évangiles et de Paul, mais son géniteur n'est pas un humain. Le fait qu'il soit incarné met en évidence sa

---

[4] Oscar Cullmann, *Christ et le temps*, Neuchâtel, Delachaux & Niestlé, 1966, p. 16.
[5] Georges Stéveny, *A la découverte du Christ*, Dammarie-lès-Lys, Vie et Santé, 1991, p. 248.
[6] Pierre Bonnard, *L'Epître de saint Paul aux Philippiens*, Neuchâtel, Delachaux & Niestlé, 1950, p. 43. Bonnard fait un exposé intéressant des différentes options (cf. p. 42-43).

provenance *extra-terrestre*. Si un humain avait pu résoudre le problème du mal, Dieu n'aurait pas eu besoin de déclencher le plan du salut. Nous devons donc nous rendre à l'évidence, comme l'écrivait déjà le prophète Esaïe (7.14 ; 9.5), qu'un phénomène hors norme devait se produire pour mettre un terme à la mort et rétablir la paix. Commentant Ph 2.5-7, Moingt souligne le fait que

> « Jésus est de condition divine puisqu'il vient au monde par la volonté expresse de Dieu ; il était donc en droit de revendiquer ses privilèges d'Envoyé de Dieu, de même que tout ambassadeur a droit aux honneurs dus à celui qui l'envoie ; au lieu de cela, il s'est soumis en tout à la basse condition de sa naissance humaine, ne voulant être traité que comme un serviteur de Dieu qui se fait l'esclave de ses frères, prenant leur condition pour leur communiquer la sienne[7]. »

Pour Barth, dans l'incarnation, l'essence divine « ne se mélange à aucune autre et surtout elle ne se trouve pas abolie. La divinité du Christ est la divinité de Dieu, une, inaltérée parce qu'inaltérable. [...] Le Fils de Dieu s'est abaissé lui-même ; mais il ne l'a pas fait en cessant d'être ce qu'il était[8]. » Christ abandonne sa condition céleste pour subir la condition humaine. Les propos de l'apôtre Paul, dans le texte de Ph 2.5-7, ne sont pas tant une tentative de définir une nature qu'une position. Le salut de l'homme dépend du passage de la condition céleste du Christ à la condition d'esclave en vue de faire passer l'homme de sa condition mortelle à la condition immortelle.

Il nous est difficile, voire impossible, de maîtriser la question de la kénose tant le phénomène semble invraisemblable à vues humaines. Comment Dieu se limite-t-il tout en restant Dieu ? « La doctrine de la kénose, qui s'intègre à la doctrine de l'incarnation, présuppose une propre limitation de Dieu par lui-même dont il nous est impossible de circonscrire l'étendue. Nous ne pouvons expliquer comment il se fit que Dieu devint homme[9]. » Nous souscrivons pleinement à la pensée de Stéveny lorsqu'il dit que « le Christ n'a pas cessé d'être, mais il a changé complètement sa manière d'être ; et renoncé aux avantages de sa situation[10]. » Pour Dederen, la préexistence, l'incarnation et la naissance virginale ne sont pas des mythes. Ces trois actions forment un tout. « Ils font partie du drame complet de la rédemption et les rejeter revient à créer un vide dans la construction de la compréhension biblique de la personne et de l'œuvre du Christ[11]. »

---

[7] Joseph Moingt, *L'homme qui venait de Dieu*, Paris, Cerf, 1999, p. 632.
[8] Karl Barth, *Dogmatique*, IV, 1, 1, Genève, Labor et Fides, 1966, p. 188.
[9] Emil Brunner, *Dogmatique*, T. II, Genève, Labor et Fides, 1965, p. 404.
[10] Georges Stéveny, *op. cit.*, p. 252.
[11] Raoul Dederen, « Christ : His Person and Work », in Raoul Dederen (éd.), *Handbook of Seventh-day Adventist Theology*, Commentary Reference Series, Volume 12, Hagerstown, Review and Herald Publishing Association and the General Conference of Seventh-day Adventists, 2000, p. 163.

Le fait de l'incarnation n'implique pas la perte de la divinité. La double nature, il l'a bien. Il voile sa divinité au profit de son humanité. L'apôtre Paul exprime à sa manière ce mystère de la double nature en disant : « En lui habite corporellement toute la plénitude de la divinité » (Col 2.9).

Le danger en exprimant la double nature de Jésus serait de faire de lui un être résultant de l'addition de deux natures différentes, utilisant tantôt l'une et tantôt l'autre. En lisant le Nouveau Testament, nous nous apercevons que les auteurs, lorsqu'ils définissent Jésus, le font en fonction de ce qu'il fait plutôt qu'en fonction de ce qu'il est. Les deux natures sont certes difficiles à concevoir, mais elles n'ont pas pour but de former une troisième personne. La difficulté est d'accepter que malgré tout ce qui rapproche Jésus-Christ de nous, il demeure différent par le fait qu'il n'a pas péché (2Co 5.21), et qu'il a enlevé le péché (Jn 1.29).

Jésus n'a pas été conçu comme nous. Son « père » nous est inconnu, ou plus précisément nous ne pouvons pas le « définir ». Jésus a vécu une vie sans péché (impeccabilité). Les raisons de sa mort ne sont pas les mêmes que celles de notre mort. Nous mourrons suite au péché (salaire du péché), alors que Jésus supprime le péché au profit de la grâce. Sa résurrection diffère aussi de la nôtre, car n'ayant pas péché, il ne peut rester dans le tombeau, alors qu'en tant que pécheur, notre résurrection est le résultat de la grâce divine.

> « Jésus a vécu son itinéraire terrestre sous le signe de sa pleine humanité, avec toutes les limites et tous les risques que cela pouvait comporter, puisque son devenir-humain l'a conduit à la mort. Il n'a laissé transparaître sa divinité que pour accomplir sa mission de révélateur du Père et de sauveur de l'humanité. Pendant tout son itinéraire humain son humanité était prépondérante et sa divinité restait en quelque sorte 'récessive'. A partir de sa résurrection, les choses s'inversent, la divinité se manifeste glorieusement, mais alors Jésus a achevé son itinéraire d'homme : il n'appartient plus à la condition de notre parcours temporel (*status viae*)[12]. »

Jésus homme

L'humanité du Christ faisait partie intégrante de sa mission. Il avait les caractéristiques essentielles de la nature humaine. En voulant définir la nature humaine du Christ, nous nous heurtons à la difficulté de savoir s'il avait la nature humaine d'avant le péché ou d'après le péché. Jésus n'était pas un homme selon le mode de création rapporté dans Gn 2.7. Il n'est jamais appelé « âme vivante », puisque créateur, mais il est appelé « esprit donneur de vie » (1Co 15.45). Il est donc difficile d'admettre qu'il était comme Adam avant le péché.

---

[12] Bernard Sesboüé, *Jésus. Voici l'homme*, Paris, Salvator, 2016, p. 172.

S'il était comme Adam avant le péché, il n'aurait pas fini par mourir, car un être identique à Adam avant le péché ne commettant pas de péché ne peut mourir. S'il est comme Adam après le péché, sans avoir commis de péché, de quoi est-il mort ?

Pour affirmer que Jésus était exactement de même nature que nous, il faudrait que sa conception eût été identique à la nôtre, que son père et sa mère eurent été des humains, mais voilà, Marie n'a pas connu d'homme avant la naissance de Jésus et pourtant elle a accouché du saint enfant. Sa naissance est donc surnaturelle et ne correspond pas en tout à notre naissance (cf. Mt 1.20 ; Lc 1.35). L'incarnation fait de Jésus un être unique qui s'est revêtu de la nature humaine déchue, faible, portant les conséquences du péché mais sans être un pécheur lui-même.

> « Il prit la nature humaine dans sa condition déchue avec ses infirmités et ses dettes et portant les conséquences du péché ; mais pas sa culpabilité. Il était vraiment humain, un avec la race humaine, sauf en ce qui concerne le péché. [...] Le témoignage uniforme de l'Ecriture concernant l'innocence de Jésus ne signifie pas qu'il n'aurait pas pu pécher[13]. »

En tant que notre Sauveur, le Christ se devait d'être semblable à nous tout en étant différent de nous. Un secours est toujours plus fort que celui qui doit être secouru. Pour Ellen White, « Christ prit notre nature, déchue mais non corrompue[14] ».

Un parcours sans faute

Le parcours sans faute de Jésus est clairement attesté par le Nouveau Testament. L'auteur de l'épître aux Hébreux exprime la similitude avec nous dans la soumission aux difficultés, soulignant la victoire sur le péché en signalant que cette soumission ne l'a pas fait tomber (Hé 4.15). L'apôtre Pierre confirme qu'« il n'a pas commis de péché, et on n'a pas trouvé de ruse dans sa bouche » (1P 2.22).

L'assimilation à la vie du pécheur a été totale. Jésus, bien que venu dans un monde de faiblesse et de débauche n'est pas tombé dans la noirceur de l'adversaire. En devenant membre de la société humaine gouvernée par le diable, il est resté le digne représentant du ciel sur la terre. « Celui qui n'a pas connu le péché, il l'a fait pour nous péché, afin qu'en lui nous devenions justice de Dieu » (2Co 5.21). Il emploie le verbe *ginōskō* (connaître [le péché]) qui renvoie à une connaissance grâce à une pratique. C'est un verbe employé aussi pour qualifier les relations sexuelles entre un homme et une femme (Mt 1.25), une relation

---

[13] Raoul Dederen, *op. cit.*, p. 164-165.
[14] Ellen White, *Manuscript 57*, 1890.

intime. Jésus n'a donc pas connu, expérimenté le péché. Il a été fait péché, identifié au péché. C'est Galates 3.13 qui « laisse supposer que c'est par la mort de la croix que cette identification s'est réalisée[15] ». L'identification au péché n'est pas pécher, mais c'est porter les conséquences du péché[16].

La mort du Christ sur la croix

La mort du Christ ne peut se réduire à une seule image et à un seul mot. Le mystère qui l'entoure est tel que même toutes les métaphores utilisées par les auteurs bibliques sont largement insuffisantes pour en rendre compte. La démarche de la foi reste au centre du questionnement qui ne trouve pas obligatoirement de réponse satisfaisante. Vouloir apporter la réponse définitive à la question de la mort du Christ, c'est s'enfermer dans un système qui ne permet plus à la raison de faire son œuvre, et c'est enfermer Dieu dans la finitude de l'homme alors qu'il en est le créateur et le sustentateur. Nous partageons l'idée de Gulley lorsqu'il écrit : « Dieu ne peut pas être enfermé [*encapsulated*] dans des formules habiles, pas plus que ses actions ne peuvent être réduites aux seuls mots humains[17]. »

Les métaphores relatives à la mort du Christ ne s'excluent pas les unes les autres. Elles sont complémentaires. Le danger que nous courrons face à un domaine aussi complexe est la simplification à outrance. Le chrétien n'est pas à l'abri de vouloir expliquer l'inexplicable, simplement parce qu'il y croit. Le vocabulaire concernant la mort du Christ est vaste et s'exprime en utilisant un champ lexical lié à la rançon, au rachat, à l'expiation/propitiation, à la réconciliation et au sacrifice[18]. Paul résume ce mystère en trois expressions dans Rm 3.23-26 :

> « Tous ont péché, sont privés de la gloire de Dieu, mais sont gratuitement *justifiés* par sa grâce, en vertu de la *délivrance* accomplie en Jésus Christ. C'est lui

---

[15] Maurice Carrez, *La deuxième épître de saint Paul aux Corinthiens*, Genève, Labor et Fides, 1986, p. 155.
[16] Voir Jean Héring, *La seconde épître de Saint Paul aux Corinthiens*, Neuchâtel, Delachaux & Niestlé, 1958, p. 54.
[17] Norman Gulley, *Systematic Theology. Creation, Christ, Salvation*, Berrien Springs, Andrews University Press, 2012, p. 601.
[18] *Lytron* [2] : prix pour la liberté, rançon (Mt 20.28 ; Mc 10.45). *Lytroō* [2] : libérer d'une situation oppressive en payant une rançon (Tt 2.14 ; 1P 1.18). *Lytrōsis* [1] : fait d'être libéré (Hé 9.12). *Antilytron* [1] : rançon (1Tm 2.6). *Apolytrōsis* [9] : rédemption, libération d'une situation pénible (Lc 21.28 ; Rm 3.24 ; Rm 8.23 ; 1Co 1.30 ; Ep 1.7,14 ; 4.30 ; Col 1.14 ; Hé 9.15). *Exagorazō* [2] : délivrer, libérer (Ga 3.13 ; 4.5). *Hilaskomai* [1] : concilier, être favorable, effacer (Hé 2.17). *Hilasmos* [2] : expiation (1Jn 2.2 ; 1Jn 4.10). *Hilastērion* [1] : moyen d'expiation (Rm 3.25). Couvercle de l'arche de l'alliance (Hé 9.5). *Katallassō* [5] : échanger l'hostilité pour une relation amicale, réconcilier (Rm 5.10 [2x] ; 2Co 5.18,19,20). *Katallagē* [3] : rétablissement d'une relation interrompue (Rm 5.11 ; 2Co 5.18,19). *Thyō* [1] : faire une offrande (1Co 5.7). *Thysia* [4] : sacrifice, offrande cultuelle (Ep 5.2 ; Hé 7.27 ; 9.26 ; 10.12).

> que Dieu a destiné à servir d'*expiation* [*hilastērion*] par son sang, par le moyen de la foi, pour montrer ce qu'était la justice, du fait qu'il avait laissé impunis les péchés d'autrefois, au temps de sa patience. Il montre donc sa justice dans le temps présent, afin d'être juste et de justifier celui qui vit de la foi en Jésus. »

En Romains 3.25, Paul dit que Jésus a servi de *hilastērion*. Ce terme grec est la traduction du mot hébreu *kapporet* (couvercle de l'arche de l'alliance, Ex 25.17). Jésus est donc, selon Paul, celui qui efface, qui couvre le péché et en fait disparaître les conséquences. C'est une allusion précise au Jour des expiations.

Le premier mot utilisé par Paul pour démontrer la libération du condamné est *justifier*. Le coupable n'est pas condamné pour ses fautes commises, et pourtant, il est coupable. Le pardon lui est accordé ; il ne tombe donc pas sous le coup de la condamnation. Il est vu comme s'il était juste, bien que coupable. Le deuxième mot employé est celui de *rédemption-délivrance*. Cette libération intervient dans le processus alors que le coupable apprend qu'il n'est pas condamné. Le troisième terme désigne le moyen qui permet la libération. Ce mot désigne à la fois un lieu et une action. Le lieu, c'est le *hilastērion* et l'action c'est celle qui se produit sur ce lieu, la grâce. Pour Paul, Jésus est la récapitulation du lieu et de l'action. Il accorde la grâce au condamné et le réconcilie avec Dieu.

La métaphore de la rançon

Une rançon [*lytron*] est une somme versée en vue d'une délivrance[19]. Jésus lui-même se considère telle une rançon : « Le Fils de l'homme n'est pas venu pour être servi, mais pour servir et donner sa vie en rançon pour une multitude [*lytron anti pollōn*] » (Mc 10.45). Quant au verbe *lytroō*, il signifie délivrer moyennant une rançon, racheter[20]. Le substantif de la même racine est *apolytrōsis* (*apo* donnant l'idée de mettre hors de, d'enlever). Ce mot signifie la libération, la rédemption, le rachat d'un captif, la délivrance[21].

La mort du Christ n'est pas présentée comme étant survenue par la force de ses ennemis : il est bien mort pour nous. Les ennemis du Christ ont pu le mettre à mort parce qu'il a bien voulu offrir sa vie. Cette offrande, suivie de la résurrection, nous donne accès au salut, par grâce et non par droit. Christ nous a rachetés. Littéralement il nous a fait sortir du marché aux esclaves qui se tenait

---

[19] Danker Frederick William (éd.), *A Greek-English Lexicon of the New Testament and other Early Christian Literature*, Chicago/London, The University of Chicago Press, 2000, p. 605-606.
[20] *Ibid.*, p. 606.
[21] *Ibid.*, p. 117.

sur l'agora des cités. C'est Paul qui exprime cette action en utilisant le verbe *exagorazō*, faire sortir de l'agora (Ga 3.13).

Le mot rançon, exprimant un prix payé par la personne qui prend la place de celui qui est captif et qui doit mourir nous permet de dire que Jésus se substitue au pécheur alors qu'il est sans péché. Le mot substitution/substitut n'apparaît pas dans le Nouveau Testament, c'est la raison pour laquelle il convient d'être prudent dans l'utilisation de cette expression. Jésus entre dans une phase d'identification avec le pécheur. Il va jusqu'à la mort en passant par les étapes de l'angoisse la plus profonde (Mt 26.36-39, 42-44 ; Lc 22.41-44). Il ira jusqu'à la réalité de l'abandon de Dieu (Mc 15.34). L'angoisse de Jésus est provoquée par le fait qu'il devient ce qu'il n'était pas : un condamné à mort comme s'il avait péché et était séparé du Père. Il s'est approché le plus possible de la condition du pécheur et il est mort comme le pécheur.

Affirmer simplement que Jésus se substitue à l'homme pécheur devant Dieu est une réduction que la sotériologie ne nous autorise pas à faire. Pour parler d'une pleine substitution au niveau humain, il faut que le substitut soit de même nature que celui auquel il se substitue. « La substitution d'une personne à une autre suppose un ensemble homologue de qualités et une situation de solidarité naturelle ou fonctionnelle[22]. » Comme c'est le cas pour divers concepts bibliques élaborés doctrinalement, l'expression *substitution* ne fait pas partie d'une catégorie liée à la mort du Christ. Cela n'enlève pas le fait que Jésus a agi en notre faveur et que s'il ne l'avait pas fait, notre mort pour toujours serait assurée.

Parlant de ce que le Christ a fait en faveur de l'humanité, la très grande majorité des textes[23] du Nouveau Testament utilisent la préposition *hyper*, pour « en faveur de ». Ces déclarations sont souvent faites dans le contexte de ce que Dieu ou Jésus ont fait pour nous par amour en rapport avec notre salut. Mais c'est aussi *à cause* de notre situation pécheresse que le Christ a enduré les souffrances qui l'ont conduit à la mort.

Nous ne pouvons pas aisément remplacer le « pour nous », « en notre faveur », par « à notre place ». Matthieu (20.28) et Marc (10.45) disent : « Donner sa vie en rançon *pour* [*anti*] beaucoup ». 1 Timothée 2.6 place le *anti* avant *lytron* et dit *antilytron hyper*. Galates 3.13 et 2 Corinthiens 5.21 pourraient aussi suggérer l'évocation d'une substitution. Dans les nombreuses déclarations à propos du don de la vie de Jésus, l'accent est mis sur la notion de « en notre faveur » et ce,

---

[22] Bernard Sesboüé, *Jésus l'unique médiateur. Essai sur la rédemption et le salut*, Tome I, Problématique et relecture doctrinale, Paris, Desclée, 1988, p. 358.
[23] Mc 14.24 ; Lc 22.19-20 ; Jn 11.50-52 ; Rm 5.6,8 ; 8.32 ; 14.15 ; 1Co 1.13 ; 11.24 ; 2Co 5.15,21 ; Ga 2.20 ; 3.13 ; Ep 5.2 ; 1Tm 2.6 ; Tt 2.14 ; Hé 5.1 ; 9.24 ; 1P 2.21 ; 1Jn 3.16.

de manière largement prioritaire. Vient ensuite la notion de « à cause de nous », puis en troisième position, avec très peu d'occurrences et de manière suggestive, « à notre place ». Même si le vocabulaire n'indique pas clairement une substitution, nous devons reconnaître que ce qu'a fait Jésus, c'est ce que nous ne pouvions pas faire nous-même. En ce sens, il a pris notre place.

Jésus ne doit rien à Satan. Il ne négocie pas avec le preneur d'otages. La rançon ne lui est donc pas versée. Si c'était le cas, Dieu reconnaîtrait alors qu'il faut satisfaire aux exigences du mal pour libérer ses propres créatures. La rançon n'est pas non plus versée à Dieu pour satisfaire sa justice. Pareil acte nous conduirait à une transaction païenne où il convenait de payer le prix le plus élevé possible pour apaiser la colère des dieux et les rendre propices en offrant même des sacrifices humains. Le prix payé est incalculable puisqu'il s'agit de la vie de Jésus, un être sans péché, d'une infinie puissance et d'un amour infini lui aussi. A la puissance diabolique destructrice et frauduleuse, le ciel oppose la « faiblesse » de l'amour-grâce.

Mais cette situation est terrifiante pour le Christ (Mc 15.34). Il se trouve dans la situation du pécheur qui meurt sans le secours de Dieu. C'est alors qu'il pose la question à Dieu : « Pourquoi m'as-tu abandonné ? » Paul s'est probablement référé à cet épisode de la mort du Christ pour écrire : « Celui qui n'a pas connu le péché, il l'a fait pour nous péché, afin qu'en lui nous devenions justice de Dieu » (2Co 5.21). Il a pris la place de ceux qui auraient dû passer par les souffrances de la mort définitive. Il s'est approché aussi près que possible de la réalité du pécheur sans l'être lui-même. La question vient alors à l'esprit : de quelle mort Jésus est-il mort ? Ici encore nous nous heurtons à la même difficulté que celle de la nature humaine du Christ.

Lorsque Dieu met Adam et Eve face à leur responsabilité (Gn 2.15-17), il les met en garde contre les conséquences du mauvais choix : « Le jour où vous en mangerez, vous mourrez ». Ils doivent choisir : la vie ou la mort. La vie pour toujours ou la mort pour toujours.

Ils ont fait le choix de la mort. Il n'y a pas de demi-mesure, c'est la mort pour toujours, celle de laquelle on ne revient pas. En « passant à côté de Dieu », ce qui est appelé péché, Adam et Eve se retrouvent dans le monde de l'ennemi, celui de Satan. C'est le monde de la mort. C'est à cette mort, qu'il appelle la seconde (deuteros) mort, que Jean fait allusion dans le livre de l'Apocalypse (2.11 ; 20.6,14 et 21.7-8). Mais s'il parle de seconde mort, c'est qu'il doit y en avoir une première. Suite à la chute, Dieu, dans son amour sans limite, a souhaité proposer à ses créatures la possibilité de retrouver le monde de la vie. Il met donc en route ce que nous appelons le plan du salut. Salut qui devient possible grâce à la personne du Christ et à son œuvre. La résurrection du Christ met fin à la domination de la mort : « la mort a été engloutie dans la victoire », écrit Paul (1Co 15.55). Les effets de cette victoire deviendront réalité lors de l'avènement du Seigneur (1Th 4.15-16). Jusque-là, la mort continue de frapper. Pour celui qui met sa confiance en Dieu et qui accepte le salut en Jésus, la mort demeure une réalité, mais elle prend fin lors de l'avènement du Seigneur. Elle peut alors être comparée à un sommeil, non qu'elle soit identique au sommeil de la nuit, mais parce qu'elle est suivie d'un réveil, que nous appelons résurrection (1Th 4.13-14 ; Jn 5.28-29a). Cette résurrection, Jean l'appelle la première (prōtos) résurrection (Ap 20.6). Elle est accordée à celles et ceux qui reconnaissent la victoire du Christ sur les forces de son adversaire Satan. La seconde mort, mentionnée plus haut, est une mort redoutable de laquelle on ne revient pas et qui est consécutive au rejet du plan du salut élaboré par le ciel pour la terre. Ce que nous appelons « première mort » est la mort qui est suivie d'un réveil qui donne accès à l'immortalité. Mais ce réveil est une grâce divine accordée au pécheur. Ce que la Bible appelle « seconde mort » c'est la mort définitive qui est la destinée du pécheur qui refuse la grâce divine.

Ils ont fait le choix de la mort. Il n'y a pas de demi-mesure, c'est la mort pour toujours, celle de laquelle on ne revient pas. En « passant à côté de Dieu », ce qui est appelé péché, Adam et Eve se retrouvent dans le monde de l'ennemi, celui de Satan. C'est le monde de la mort. C'est à cette mort, qu'il appelle la seconde (deuteros) mort, que Jean fait allusion dans le livre de l'Apocalypse (2.11 ; 20.6,14 et 21.7-8). Mais s'il parle de seconde mort, c'est qu'il doit y en avoir une première. Suite à la chute, Dieu, dans son amour sans limite, a souhaité proposer à ses créatures la possibilité de retrouver le monde de la vie. Il met donc en route ce que nous appelons le plan du salut. Salut qui devient possible grâce à la personne du Christ et à son œuvre. La résurrection du Christ met fin à la domination de la mort : « la mort a été engloutie dans la victoire », écrit Paul (1Co 15.55). Les effets de cette victoire deviendront réalité lors de l'avènement du Seigneur (1Th 4.15-16). Jusque-là, la mort continue de frapper. Pour celui qui met sa confiance en Dieu et qui accepte le salut en Jésus, la mort demeure une réalité, mais elle prend fin lors de l'avènement du Seigneur. Elle peut alors être comparée à un sommeil, non qu'elle soit identique au sommeil de la nuit, mais parce qu'elle est suivie d'un réveil, que nous appelons résurrection (1Th 4.13-14 ; Jn 5.28-29a). Cette résurrection, Jean l'appelle la première (*prōtos*) résurrection (Ap 20.6). Elle est accordée à celles et ceux qui reconnaissent la victoire du Christ sur les forces de son adversaire Satan. La seconde mort, mentionnée plus haut, est une mort redoutable de laquelle on ne revient pas et qui est consécutive au rejet du plan du salut élaboré par le ciel pour la terre. Ce que nous appelons « première mort » est la mort qui est suivie d'un réveil qui donne accès à l'immortalité. Mais ce réveil est une grâce divine accordée au pécheur. Ce que la

Bible appelle « seconde mort » c'est la mort définitive qui est la destinée du pécheur qui refuse la grâce divine.

Si donc Jésus était mort de la première mort, c'est qu'il aurait été pécheur puisque le péché conduit à la mort. Et s'il était mort de la seconde mort, il ne serait pas ressuscité puisque la Bible affirme qu'on ne revient pas de cette mort. Encore une fois, la question n'est pas formulée correctement car il n'est pas possible de poser les mêmes questions à l'humain qu'au divin. Les deux « systèmes » sont ontologiquement différents. Nous pouvons alors dire que Jésus n'est ni mort de la première mort, ni de la seconde, mais que sa résurrection met fin à la mort définitive. C'est ce que Paul exprime lorsqu'il dit, après la résurrection de Jésus, que « la mort a été engloutie dans la victoire » (1Co 15.55). Certes la mort continue de faire son œuvre de destruction, mais la victoire de Jésus y mettra un terme définitif lors de son retour. La victoire est déjà là, mais ses conséquences éternelles seront pleinement effectives lors de son avènement.

Les sacrifices dans l'Ancien Testament

La mort de Jésus sur la croix est très souvent présentée comme un sacrifice offert à Dieu pour apaiser sa colère et le rendre propice. Dans les lignes qui suivent nous tenterons de comprendre les raisons et le fonctionnement de certains rituels sacrificiels de l'Ancien Testament afin de voir en quoi la mort du Christ s'en rapproche, ou, s'en éloigne.

Plusieurs types de sacrifices sont présentés dans l'Ancien Testament. Lors d'un holocauste ('ôlâh, de 'âlâh, monter, s'élever), l'animal est entièrement consumé et offert à Dieu. C'est l'occasion pour l'offrant de se consacrer entièrement à Dieu. C'est également un temps de rencontre de Dieu avec ses enfants. L'holocauste perpétuel, offert à l'entrée de la tente de la rencontre, n'est pas le moyen d'apaiser la colère d'un dieu, mais de réclamer la présence de Dieu. L'Eternel dit : « C'est là que je rencontrerai les Israélites ; ce lieu sera consacré par ma gloire. Je consacrerai la tente de la Rencontre et l'autel ; [...]. Je demeurerai au milieu des Israélites et je serai leur Dieu » (Ex 29.43-45). Un sacrifice « a pour effet la venue de Dieu auprès du sacrifiant ; et cette venue de Dieu débouche sur une bénédiction[24]. » Jésus a approuvé le scribe qui avait bien retenu la leçon et qui a dit qu'aimer Dieu de toute sa force et son prochain comme soi-même, « c'est plus que tous les holocaustes et les sacrifices » (Mc 12.33). Quant à l'auteur de l'épître

---

[24] Alfred Marx, « L'Ancien Testament », in Christian Grappe et Alfred Marx, *Le sacrifice. Vocation et subversion du sacrifice dans les deux Testaments*, Genève, Labor et Fides, 1998, p. 23.

aux Hébreux, il confirme le fait que les sacrifices des animaux étaient insuffisants pour ôter les péchés (Hé 10.4).

L'offrande (*mineHâh*), est un sacrifice d'animaux ou de végétaux pour **honorer Dieu**. Si cette offrande est faite de végétaux, elle sera faite de fleur de farine, d'huile, d'encens, puis c'est le sacrificateur qui la brûlera sur l'autel (Lv 2.1-16). Les libations d'eau, d'huile et de vin qui l'accompagnaient étaient versées autour de l'autel et sur l'autel.

Les sacrifices de paix (*châlôm*), offrande sacrificielle de gros ou de menu bétail, est en fait un repas offert à Dieu durant lequel chacun des acteurs – Dieu, les prêtres, le sacrifiant et ses invités – reçoit une partie de l'animal[25]. Ces sacrifices ne sont pas mis en relation avec la notion d'expiation. Les deux seuls sacrifices où la mention d'expiation apparaît sont le sacrifice pour le péché et le sacrifice de réparation.

Le sacrifice pour le péché (*hattat*, Lv 4.3) est prévu pour celui qui a commis un péché involontaire contre l'un des commandements de l'Eternel, ou si toute l'assemblée d'Israël a péché involontairement, ou si c'est un chef qui a péché. Il est également prévu pour une femme qui a accouché (Lv 12.6). Une fois qu'un lépreux aura été guéri, un sacrifice de réparation ou de culpabilité (*asham*) sera offert, suivi d'un sacrifice d'expiation (*hattat*, Lv 14.19). Il en sera de même pour celui qui a contracté une maladie sexuelle (Lv 15.15). Ce même rituel est pratiqué pour la consécration des prêtres (Lv 8) et des Lévites (Nb 8), ainsi que pour celle de l'autel (Ex 29.36-37). Un même sacrifice était aussi accompli si un homme ou une femme faisait le vœu de naziréat (Nb 6.11), et il était répété une fois le temps de son naziréat accompli (Nb 6.14). Ce sacrifice était offert à bien d'autres occasions durant l'année liturgique. Il ne concernait pas uniquement des personnes, mais aussi des autels ou des fêtes. Il n'était donc pas offert uniquement suite à un péché involontaire (Nb 28-29 ; Ez 45.18-25). Lors du rituel du sacrifice pour le péché (*hattat*), il n'y avait pas transfert des péchés de l'offrant sur la victime et mort de la victime offerte à la place du pécheur.

Au Jour des expiations (*kippur*), le sacrifice pour le péché (*hattat*) avait pour fonction de marquer le passage d'une situation à une autre et de purifier. Il était aussi pratiqué à la fin de l'année agricole afin de purifier le pays avant de commencer une nouvelle période. A cette occasion le grand prêtre purifiait le sanctuaire, lieu d'accumulation des péchés, et du même coup purifiait également le pays. Lors de ses multiples tâches à cette occasion, le grand prêtre aspergeait le couvercle (*kapporet*) du coffre de l'alliance qui se trouvait dans le

---

[25] *Ibid.*, p. 28-29.

lieu très saint. C'était, d'après Exode 25.22, le lieu de rencontre avec Dieu. Une fois le rituel de la purification accompli avec le premier bouc qui était pour l'Eternel, l'officiant passait à la deuxième phase et il s'occupait du bouc vivant, appelé bouc pour Azazel (le bouc qui s'en va). C'est sur cet animal vivant qui allait ensuite se perdre dans le désert qu'étaient confessées les fautes (crimes, iniquités) des enfants d'Israël (Lv 16.21). Ce bouc étant chargé des péchés du peuple était désormais impur ; il ne pouvait donc être sacrifié. Le désert se chargeait alors de sa mort. Le péché et ses conséquences étaient ainsi éloignés ; le bouc était tenu à l'écart. Celui sur qui le péché avait été symboliquement déposé ne pouvait plus contaminer le peuple.

Le sang est un élément capital dans le sacrifice pour le péché. C'est ce que dit Lévitique 17.11 : « La vie d'une créature est dans le sang, et moi, je vous l'ai donné, sur l'autel, pour l'absolution de votre vie. En effet, le sang procure l'absolution parce qu'il est la vie (TOB). » Vider un être vivant de son sang c'est le tuer, mais le texte de Lévitique 17.11 met en évidence la valeur vitale du sang. Dans le cas du sacrifice pour le péché (*hattat*), l'animal est mis à mort, certes, mais l'insistance est mise sur la valeur du sang qui est la vie et qui peut donc vaincre la mort. Ce sang n'est pas offert pour apaiser la colère de Dieu ou pour le rendre propice à l'homme. Rappelons que le sacrifice est un temps de rencontre entre le ciel et la terre. Une invitation de Dieu à la réconciliation. Le sang de l'animal immolé représente la vie déposée sur le couvercle (*kapporet* [*kippur*]) de l'arche de l'alliance, lieu de rencontre de Dieu avec les hommes, lieu de pardon et de grâce, Jésus lui-même selon Paul (Rm 3.25). Le *yom* (jour) *kippur* (pardon, effacement) est bien le temps du jugement de Dieu qui fait grâce au pécheur qui le reçoit dans sa vie. Les récits de la Cène ne disent pas que Jésus a versé son sang pour Dieu, mais pour nous, pour le pardon de nos péchés. Cette nouvelle alliance en son sang est une alliance de vie, parce que lui-même est la Vie.

Les différents sacrifices relatés dans les textes de l'Ancien Testament ne sont pas présentés comme des moyens d'obtenir des faveurs de la part de Dieu, comme des moyens d'apaiser la colère de Dieu à cause de la méchanceté de l'homme. Ils sont des moments de rencontre entre une créature tombée dans le piège de Satan et un Créateur qui lui offre le moyen d'en sortir. Aucun sacrifice rituel n'a de valeur en lui-même. Toute sa valeur lui est donnée lorsque l'offrant prend conscience de ce qu'il est en train de faire. Ce n'est pas l'acte qui compte, mais la disposition du sacrifiant.

L'agonie de Jésus

Jésus est certes appelé l'Agneau immolé mais il revient à la vie. Il n'est pas mis à mort par les mains du grand prêtre, il est grand prêtre lui-même. Son sang a coulé, mais le *kapporet/hilastērion* n'a pas été aspergé, étant lui-même *hilastērion* (Rm 3.25). Quant au grand prêtre Jésus, il est du ciel et non de la terre. Si l'on qualifie la mort de Jésus comme un sacrifice, il convient de donner à ce mot sacrifice une valeur qui surpasse la conception lévitique et considérer, comme Paul le fait en Ephésiens 1.10, que Jésus récapitule l'histoire de l'humanité, de la création à la rédemption.

Les métaphores commerciales et juridiques pour dire la mort du Christ s'arrêtent où commence la réalité de cette mort. C'est alors qu'il convient d'ajouter un paramètre qui n'entrait pas dans les rituels sacrificiels vétérotestamentaires, à savoir, la résurrection. Sans la résurrection du Christ sa mort est un échec et une victoire de l'ennemi. Il est donc amplement insuffisant de dire que nous sommes sauvés par la mort du Christ. La mort conduit à la mort et pas à la vie. Or Dieu veut nous conduire à la vie, de morts que nous étions. La résurrection de Jésus est le lieu de la victoire de Dieu sur Satan. Elle est aussi l'acte de grâce posé sur l'humain condamné par le péché. Le *kapporet* était le lieu de la grâce, le lieu du pardon immérité. Par sa résurrection, Jésus devient ainsi le lieu de la grâce que Dieu accorde à l'homme par son amour est le moyen de réconciliation qui permet à l'homme de retrouver le chemin de la maison pour aller à la rencontre d'un Père qui l'attend les bras ouverts et non avec la condamnation comme bienvenue !

Au moment du repas de Pâque (Cène), Jésus indique à ses disciples le sens de sa mort. Le pain et le vin sont donnés *pour/en* faveur de plusieurs. Jean souligne le fait que Jésus donne sa vie : « Personne n'a de plus grand amour que celui qui se défait de sa vie pour ses amis » (Jn 15.13). Nous n'avons pas connaissance de propos tenus par Jésus et rapportés par les évangiles au sujet d'un rapprochement qu'il aurait fait entre sa propre mort et les sacrifices vétérotestamentaires. Les épîtres associent volontiers la mort de Jésus avec la notion de sacrifice : « Vivez dans l'amour, tout comme le Christ aussi nous a aimés et s'est livré lui-même à Dieu pour nous en offrande et en sacrifice, comme un parfum de bonne odeur » (Ep 5.2). Aussi bien chez les synoptiques que chez Paul, lors de l'institution de la Cène, il y a des rapprochements établis entre les symboles et la réalité de la mort du Christ. Pierre emploie également le vocabulaire sacrificiel (1P 1.18-21). Jean le fait aussi dans le livre de l'Apocalypse (Ap 5.12).

Dès le moment où le ciel décide d'activer le plan du salut, Jésus accepte d'entrer dans un processus sacrificiel. Le Dieu-créateur qui se fait homme (incarnation) et qui se laisse cracher dessus jusqu'à la mort horrible de la croix par ses créatures, accepte de sacrifier sa vie divine pour incarner celle de l'esclave. La croix fait bien partie de ce sacrifice, mais il ne faudrait pas passer sous silence l'hymne christologique paulinien de Philippiens 2.5-7 qui exprime la décision christique volontaire de quitter sa condition céleste pour aller chercher celles et ceux qui ne veulent plus du totalitarisme diabolique mais qui sont incapables de s'en défaire sans une intervention de l'amour et de la grâce du ciel. Le sacrifice est immense et incommensurable, immense et indescriptible, immense et indicible parce qu'il s'agit de Dieu qui se fait homme et que là, l'homme n'a plus de comparaison avec des paramètres connus. Il ne peut donc qu'accepter cette existence divine sacrifiée pour le salut d'une humanité définitivement perdue. Acte d'amour et de grâce. Jésus s'est pleinement donné.

> « Toute la vie pré-pascale de Jésus a été une 'pro-existence', c'est-à-dire une 'existence pour' le Père et pour ses frères, un don de soi total qui va jusqu'au don de sa vie. Toute sa vie prenait ainsi la valeur d'un sacrifice existentiel qui fondait le sens converti que prendra le terme de sacrifice dans la tradition chrétienne dès le Nouveau Testament[26]. »

Il est un fait que la mort de Jésus est exprimée en utilisant le vocabulaire sacrificiel de l'Ancien Testament. Certains passages de l'Ancien Testament montrent que la réconciliation s'obtient par des sacrifices à caractère vicaire (Ex 29.36 ; Lv 4.20). Le péché, étant une offense faite à Dieu par le fait de passer à côté de lui en l'ignorant, devait être réparé, effacé. Ce n'était pas la valeur de l'animal qui permettait d'obtenir le pardon. La pédagogie de Dieu avait voulu que le sacrifice (animal sans défaut, « parfait ») soit offert à l'intérieur du système de l'alliance entre Dieu et son peuple. La réparation ne pouvait s'opérer sans effusion de sang. C'est ce que confirme l'auteur de l'épître aux Hébreux (9.22) reprenant la déclaration de Lévitique (17.11).

Même si l'auteur de l'épître aux Hébreux reprend le système sacrificiel vétérotestamentaire pour montrer la nécessité du sang dans le processus de réconciliation, il en montre les limites et les insuffisances. Il considère que le service du premier tabernacle était un symbole, une parabole (*parabolē*, Hé 9.9) ne pouvant rendre parfait celui qui en était le bénéficiaire et que l'ensemble de la cérémonie n'était que des ordonnances charnelles qui prendraient fin à une époque de réformation (Hé 9.10). Cette réformation avait pour finalité de remplacer la parabole par une réalité existentielle qui pourrait faire ce que la typologie n'était pas en mesure d'apporter. L'animal devenait inutile. L'incarnation devenait nécessaire.

Jean-Baptiste a bien considéré Jésus comme un agneau qui « enlève le péché du monde » (Jn 1.29). Paul a considéré Jésus comme ayant été sacrifié. Il était « notre Pâque » (1Co 5.7). Il « a été livré pour nos fautes » (Rm 4.25). Il « s'est livré lui-même à Dieu pour nous en offrande et en sacrifice » (Ep 5.2). Les récits

---

[26] Bernard Sesboüé, *Jésus-Christ l'unique médiateur*, p. 265.

de la Cène mettent en évidence le sang en relation à la nouvelle alliance. La rédemption passe par le sang, non celui des animaux, mais celui du Christ (Hé 9.12)[27]. Il est donc impossible de nier le fait de la violence de la mise à mort de Jésus qui rappelle celle de la mise à mort des animaux sacrifiés. Un certain rapprochement de la mort du Christ avec celle des animaux sacrifiés pour le pardon des péchés peut être fait, certes, mais la mort de Jésus ne peut être réduite à un maillon de la chaîne sacrificielle car même si le sang du Christ versé pour le pardon des péchés rappelle l'action du grand prêtre dans les services du sanctuaire, le sang du Christ est aussi la réalité de l'entrée dans une alliance nouvelle et donc dans une vie nouvelle et ce, non par sa mort, mais par sa résurrection. C'est à partir de sa résurrection que Jésus est appelé « prémices de ceux qui sont morts » (1Co 15.20,23). La vie de l'animal sacrifié s'arrête à sa mort, la vie nouvelle de l'humanité commence à la résurrection du Christ. Cette différence entre la valeur rituelle des sacrifices lévitiques et la valeur existentielle de la mort et de la résurrection du Christ est capitale.

Sacrifier c'est se priver de ce que l'on pourrait avoir. Se sacrifier c'est donner sa vie pour que l'autre soit préservé. Le sacrifice reste un acte libre. Personne ne peut pousser l'autre à se sacrifier. Le mort de Jésus est un acte librement consenti et librement décidé. Jésus n'est pas mort sous la contrainte d'un Dieu courroucé qui demande justice. Il donne sa vie « afin de la reprendre » (Jn 10.17).

Les différents sacrifices vétérotestamentaires ne sont pas accomplis pour apaiser la colère d'un Dieu fâché. Ils n'ont aucun pouvoir magique qui opérerait le pardon des péchés. Ils ne sont que des symboles qui font prendre conscience au sacrifiant de la gravité de la situation mais aussi de la réponse pardonnante de Dieu. Une relation d'amour s'opère entre l'offrant et Dieu. « Le but essentiel du sacrifice est de restituer une communion rompue[28]. » L'une des fonctions de la forme sacrificielle est de permettre à l'homme de prendre la mesure de son éloignement de Dieu (péché) et de se rapprocher de ce Dieu qui lui indique le chemin du retour à la maison. Le rituel ne donne aucune valeur à l'acte sacrificiel. Si l'acte sacrificiel n'est pas intégré par le pécheur, sa portée est vaine. Le pardon de Dieu n'est pas un automatisme déclenché par la mort d'un animal, mais il est consécutif à la prise de conscience de l'homme que sa situation est désespérée et que seul il ne retrouvera pas le chemin de la maison. La forme du sacrifice doit toucher le fond du cœur de l'homme. Le don d'une vie est un acte d'amour et d'abnégation, un sacrifice.

---

[27] Le sang du Christ est très souvent mis en relation avec le pardon des péchés et le salut de l'homme (Mc 14.24 ; Rm 3.25 ; 5.9 ; Ep 1.7 ; 2.17 ; Col 1.20 ; 1P 1.19).
[28] Georges Stéveny, *Jésus l'envoyé de Dieu, pourquoi est-il venu ?* Dammarie-lès-Lys, Vie et Santé, 2001, p. 196.

Lors de son dernier repas de Pâque, au moment où Jésus redonne du sens à un repas traditionnel, il dévoile à ses disciples le plan du salut. En leur lavant les pieds, il leur exprime l'amour profond. « Il les aima jusqu'à l'extrême » (Jn 13.1). En prenant deux objets symboliques lors du repas pascal, le pain et la coupe, qu'il compare à son corps et à son sang, il espère faire comprendre à ses disciples qu'il se défait de sa vie pour que ceux qui lui font confiance puissent passer de la mort à la vie. Cette mort fait partie du sacrifice existentiel auquel il a consenti en devenant homme.

A Golgotha, dans sa toute faiblesse humaine, Jésus démontre la plénitude de l'amour divin en demandant à son Père de pardonner à ses bourreaux. « Le sacrifice n'est donc pas une sorte de moyen magique destiné à exercer une contrainte sur Dieu au moyen du sang. Il est la pointe extrême de l'amour, servant à convaincre[29]. »

« Donner sa vie en rançon » n'impose pas de donner au mot rançon une valeur sacrificielle. Le mot rançon relève du vocabulaire juridique ou politique, mais il ne fait pas partie des expressions utilisées dans les rituels sacrificiels. Jésus s'abaisse à supporter l'injure de notre part et nous porte secours. Le sang versé prend toute sa signification dans la situation d'humiliation et de réduction à l'état d'esclave dans laquelle Jésus est entré. Dire que le salut est gratuit, c'est dire que Dieu ne se venge pas des affronts qui lui sont faits (Ph 2.6-11).

Le changement ne doit donc pas se trouver du côté de Dieu, mais de l'homme. La rédemption ne consiste pas à rétablir l'honneur du Père en faisant souffrir le Fils jusqu'à la mort, mais bien dans la guérison de l'homme. La mort du Christ n'a pas pour finalité de rendre Dieu propice. Ellen White l'a bien compris :

> « Ce sacrifice n'a pas été consommé afin de faire naître dans le cœur du Père des sentiments d'amour pour l'humanité déchue, et pour le disposer à la sauver. [...] Ce n'est pas à cause de la propitiation faite par son Fils que le Père nous aime, c'est parce qu'il nous aime qu'il a pourvu à cette propitiation[30]. »

Dire que le Christ arrache son enfant à la mort éternelle au prix de sa vie est parfaitement exact. Sauver quelqu'un au prix de sa vie, c'est le sauver en mourant pour lui. La notion de sacrifice est bien présente dans la mort du Christ en ce sens qu'il a sacrifié sa vie pour que je revive, mais le sacrifice n'a pas obligatoirement pour mission de satisfaire à une exigence de la colère divine. Le sacrifice a pour but premier de rétablir une relation. Il n'a pas d'effet magique mais il est expression d'amour. C'est ce que Paul exprime lorsqu'il dit, après la résurrection de Jésus, que « la mort a été engloutie dans la victoire » (1Co 15.55).

---

[29] *Ibid.*, p. 197.
[30] Ellen White, *Le meilleur chemin*, Dammarie-lès-Lys, Signes des Temps, 1981 (1ère édition en anglais 1892), p. 11.

Certes la mort continue de faire son œuvre de destruction, mais la victoire de Jésus y mettra un terme définitif lors de son retour.

Le cri de déréliction

Marc et Matthieu rapportent les paroles dramatiques de Jésus vivant l'horreur de l'abandon total sur une croix, exposé au sarcasme de l'imbécilité humaine. Moltmann comprend ce cri de déréliction comme celui de quelqu'un qui fait l'expérience de l'abandon par un Dieu qui n'est pas loin et qui est un Dieu plein d'amour et de grâce. C'est la tragédie de la fin de la vie de Jésus.

> « [Jésus] ne pouvait comprendre son abandon à la mort maudite de la croix comme un pur malheur, comme une méprise humaine ou comme une dernière épreuve, mais devait l'éprouver comme l'abandon par ce même Dieu qu'il osait appeler 'mon Père'. Si nous considérons sa Passion et sa mort sans miracle et sans aide dans le contexte de sa prédication et de sa vie, sa 'détresse criant vers le ciel' devient compréhensible : c'est l'expérience de l'abandon par Dieu chez quelqu'un qui sait que Dieu n'est pas loin, mais proche, qu'il n'est pas jugement, mais grâce[31] ».

A la fin de son livre, Bigaouette fait une synthèse au sujet du cri de déréliction, synthèse que nous résumons par cet extrait qui nous fait entrer dans la réalité humaine de Jésus :

> « Dans ce cri, Jésus ne dit pas simplement qu'il se sent abandonné de Dieu, mais bien qu'il est effectivement abandonné par lui, livré au pouvoir sauvage, cruel et donc absurde de ses adversaires. Son espérance en Dieu, sa certitude que celui-ci lui demeure secrètement présent, qu'il est le seul qualifié pour lever le voile de l'ambiguïté angoissante de sa situation, ne le conduisent pourtant pas à nier, à taire le caractère radicalement problématique de sa condition ou encore à étouffer son cri. Le mouvement filial, adorant, de son être vers Dieu qu'expriment le 'Mon Dieu, mon Dieu' et le 'tu' de son cri se montre habité par l'affirmation de l'abandon ainsi que par le 'pourquoi ?'[32] ».

Jésus va jusqu'au bout de la souffrance des humains qu'il veut sauver, rien ne lui est épargné et jamais il ne profite de sa divinité pour relativiser l'horreur de la souffrance morale et physique. Jésus est seul face à la mort, comme tout individu qui passe de la vie à la mort. Pour Marguerat, ce cri

> « dit l'extrême souffrance du juste abandonné, livré à l'hostilité et à la dérision, affrontant la mort dans la solitude ; mais en même temps, c'est dans la confiance à son Dieu que le priant livre son ultime effroi. [...] Jésus meurt à la croix, dans l'insondable solitude du condamné. Il se laisse traverser par la violence. Mais dire Jésus traversé par la violence, c'est dire aussi que la violence

---

[31] Jürgen Moltmann, *Le Dieu crucifié. La croix du Christ, fondement et critique de la théologie chrétienne*, Paris, Cerf-Mame, 1974, p. 173.
[32] Francine Bigaouette, *Le cri de déréliction de Jésus en croix. Densité existentielle et salvifique*, Paris, Cerf, 2004, p. 472.

n'est pas le dernier mot de notre condition humaine. Car il n'y aura pas de riposte divine à la violence faite au Christ[33]. »

Dieu n'est pas le bourreau qui crucifie son Fils pour obtenir satisfaction. Il est le Père souffrant qui abandonne Jésus à la condition d'une humanité sans espoir. Ce Père ne répond pas à la violence par la violence. Dieu vit aussi la déréliction en Jésus.

> « Si l'événement de la croix pointe vers Dieu qui abandonne cet homme, il signale également la manière dont Dieu lui-même endure la déréliction en celui qu'il a envoyé. Loin de 'crucifier' son Fils, [...] le Père le 'livre' et l'"abandonne', c'est-à-dire le laisse mourir. [...] Ce retrait du Père, [...] représente le moment le plus radical de la déréliction de Jésus[34]. »

Les textes rapportant l'incroyable situation de l'incarnation de Jésus sont précis et n'évoquent nullement une situation d'apparence, mais de réalité. Il a quitté sa condition divine, il est né d'une femme, il a grandi, il a été baptisé, puis il a accompli son œuvre salvifique en faveur de l'humanité. Si l'on en croit les récits, il est vraiment mort. Sa mort n'a pas été apparente, mais réelle. C'est Jésus qui est mort et non son humanité. Le mystère de sa double nature ne doit pas nous faire croire que Dieu se rit de nous. L'incarnation n'est pas un jeu de cache-cache où tantôt apparaît l'humanité de Jésus et tantôt sa divinité. Lorsqu'il dit à Dieu qu'il remet son esprit entre ses mains (Lc 23), il expérimente ce que l'auteur du livre de l'Ecclésiaste écrit (12.7), à savoir qu'à la mort le corps retourne à la poussière et l'esprit retourne à Dieu qui l'a donné. Cela rappelle le récit génésiaque (Gn 2.7) qui nous donne un enseignement sur la création de l'homme où Dieu met les éléments terreux au bénéfice du souffle de vie pour donner naissance à une âme vivante (être vivant).

La difficulté, et nous l'avons déjà dit, est que jamais Jésus n'est appelé *âme vivante*, car une âme vivante est le résultat d'un acte créateur, or en tant que Créateur, Jésus ne peut être créé. Il ne vient pas de la poussière de la terre. Il ne peut donc pas devenir une âme vivante. Paul le qualifie d'*esprit donneur de vie*. Si Jésus ne peut être ontologiquement une âme vivante, il ne peut mourir.

Selon l'anthropologie biblique, le propre d'une âme vivante (être vivant) c'est qu'elle peut devenir une âme morte (cadavre) (Nb 6.6) au moment où le souffle de vie disparaît. L'assimilation de Jésus à la condition humaine est telle, que même s'il n'est pas comme nous, une âme vivante, parce que non créé, il va y avoir rupture d'avec la source de vie qui tient en vie tout humain, le souffle de

---

[33] Daniel Marguerat, *Jésus et Matthieu. A la recherche du Jésus de l'histoire*, Genève/Montrouge, Labor et Fides/Bayard, 2016, p. 81-82.
[34] Christophe Chalamet, *Une voie infiniment supérieure. Essai sur la foi, l'espérance et l'amour*, Genève, Labor et Fides, 2016, p. 101-102.

Dieu. L'incarnation du Fils se réalise jusque dans les plus profonds détails de la condition humaine, et Jésus va expirer au moment où se retire le souffle qui le tenait en vie. « L'homme pécheur meurt pour avoir abandonné Dieu, seule source de la vie (Ac 17.28). Jésus, le seul homme juste, ne peut mourir que si Dieu l'abandonne à la mort[35]. »

Alors que le texte de l'Ecclésiaste dit que le souffle (*rouah*) retourne à Dieu qui l'a donné, que nous devons comprendre non comme une composante qui s'échappe du corps, mais comme la certitude que Dieu est bien le garant de la vie et que même si le mal a fait son travail destructeur, il ne peut rien contre la puissance vitale. Le fait que Dieu garde en mémoire notre souffle de vie à notre mort nous assure de la traçabilité absolue. C'est bien nous qui ressusciterons et non un autre à notre place. La mémoire divine ne fait pas défaut. Il en va de même lorsque Jésus dit à son Père qu'il remet son esprit (*pneuma* [grec], traduction de *rouah* [hébreu]) entre ses mains. Le mot esprit peut aussi être traduit par vie. Autrement dit, Jésus est pleinement conscient que Dieu va le ressusciter et qu'il pourra ainsi devenir *prémices de ceux qui sont morts* et sauver ceux qui lui auront fait confiance et auront reconnu sa victoire.

La réconciliation

La mort du Christ est une œuvre de réconciliation. Les verbes *katallassō/apokatallassō* signifient changer de relation à la suite d'une demande extérieure, réconcilier. Paul est le seul auteur du Nouveau Testament qui développe cette dimension. Il le fera à quatre reprises concernant les relations nouvelles entre l'homme et Dieu rendues possibles par le Christ (Rm 5.10-11 ; 2Co 5.18-20 ; Ep 2.11-16 ; Col 1.19-22).

Lorsque l'ennemi construit le mur de la haine et que Dieu veut rétablir la paix, il ne construit pas un nouvel édifice pour passer par-dessus le mur de la honte, il le détruit.

> « C'est lui qui est notre paix, lui qui a fait que les deux soient un, en détruisant le mur de séparation, l'hostilité. Il a, dans sa chair, réduit à rien la loi avec ses commandements et leurs prescriptions, pour créer en lui, avec les deux, un seul homme nouveau, en faisant la paix, et pour réconcilier avec Dieu les deux en un seul corps, par la croix, en tuant par elle l'hostilité. Il est venu annoncer, comme une bonne nouvelle, la paix à vous qui étiez loin et la paix à ceux qui étaient proches ; par lui, en effet, nous avons les uns et les autres accès auprès du Père, dans un même Esprit » (Ep 2.14).

---

[35] Georges Stéveny, *Jésus l'envoyé de Dieu*, p. 136.

Dans la nuit du 12 au 13 août 1961 le bloc communiste construit le mur de séparation, « le mur de la honte », entre Berlin-Est et Belin-Ouest. En 1989, la *perestroïka* conduite par Gorbatchev va permettre la réunification de l'Allemagne. Dans la nuit du 9 au 10 novembre 1989, le Mur tombe sous la pression de ceux qui veulent la paix. Les berlinois n'ont pas construit une passerelle pour aller de l'est à l'ouest et de l'ouest à l'est. Ils ont démoli le mur de la honte. C'est cela la réconciliation. Elle est avant tout une entreprise de démolition. Il convient en premier lieu de détruire le mur de séparation érigé par la haine de l'ennemi afin que les familles puissent se retrouver. Jésus surgit alors des ruines du mur de la haine pour régner sur le siège de la grâce, le *kapporet/hilastērion*, lieu du pardon et de l'amour-grâce. Lieu qui n'est plus parabolique (couvercle du coffre dans le lieu très saint du sanctuaire terrestre), mais lieu vivant, le Christ lui-même.

Le développement de Paul est capital pour la compréhension de la mort du Christ. Il développe l'idée d'une relation rétablie après une rupture. La cassure est faite entre les hommes et Dieu : Dieu est l'auteur de la tentative de réconciliation. Ce processus de réconciliation trouve son origine dans l'amour de Dieu. Le mal doit être traité à sa racine. Il ne s'agit pas d'une réconciliation indulgente, mais d'un pardon radical. Dans ce processus, l'homme n'a pas l'initiative. C'est le moment où Dieu ne tient plus compte de notre passé mais ne voit que notre avenir. « Ce n'est pas premièrement un changement dans l'attitude du pécheur envers Dieu, mais un événement objectif accompli par Dieu pour notre salut[36]. »

La résurrection

> « Deux affirmations majeures dominent toute la théologie de l'apôtre Paul. La première concerne la croix : "Je n'ai pas eu la pensée de savoir parmi vous autre chose que Jésus-Christ, et Jésus-Christ crucifié" (1Co 2.2). La seconde se réfère à la résurrection : "Christ est mort ; bien plus, il est ressuscité !" (Rm 8.34). L'ordre d'importance est ainsi clairement indiqué : la résurrection de Jésus, par rapport à sa mort, apporte un *'bien plus'* ! Sans la résurrection, la mort du Christ eût ponctué la victoire finale de Satan[37]. »

La résurrection de Jésus fait de lui le *prototokos*, le premier-né. Comme l'humain dans son dernier soupir, Jésus se confie pleinement en celui qui a le pouvoir, mais aussi le devoir, de le ressusciter. S'il était pleinement homme, ce que nous croyons, Jésus ne pouvait pas mourir sans une rupture de la source vitale. Au-

---

[36] Raoul Dederen, *op. cit.*, p. 181.
[37] Georges Stéveny, « Préface », in Roland Meyer, *La vie après la mort. Saint Paul défenseur de la résurrection*, Lausanne, Belle Rivière, 1989, p. 11.

delà de la mort, lors de sa résurrection, Jésus demeure encore sous « l'effet » de son humanité. C'est bien Dieu qui le ressuscite. Les textes sont unanimes et aucun ne laisse à penser que Jésus se serait auto-ressuscité, même s'il en aurait eu le pouvoir. Sa condition va changer à partir de là, mais jusque-là, il demeure dans la finitude et la dépendance humaine, parce qu'il le veut bien.

La résurrection du Christ donne à l'homme la garantie de sa propre résurrection eschatologique. C'est alors qu'il sera corps spirituel, immortel et incorruptible. Le dernier Adam, Christ (esprit vivifiant), se doit d'être différent du premier Adam (âme vivante) s'il veut transformer celui-ci.

C'est dans la souffrance que la « faiblesse » de Dieu nous vient réellement en aide. Bonhoeffer, qui a souffert la torture de la guerre, peut affirmer que
> « Dieu, sur la croix, se laisse chasser hors du monde. Dieu est impuissant et faible dans le monde, et ainsi seulement il est avec nous et nous aide. [...] Christ ne nous aide pas par sa toute-puissance, mais par sa faiblesse et sa souffrance ! Voilà la différence décisive d'avec toutes les religions[38]. »

Pour Trocmé, la résurrection du Christ est « si audacieuse qu'il est impossible de disserter à son sujet. » Le récit de 1 Corinthiens 15
> « nous montre que la Résurrection n'a jamais été et ne sera jamais une idée comme les autres. Elle contredit la raison humaine beaucoup plus radicalement que la notion de l'immortalité de l'âme ou même celle de la réincarnation. Elle est si audacieuse qu'il est impossible de disserter à son sujet, comme on peut le faire au sujet de Dieu, du péché, du Christ ou de la Rédemption. Elle fait voler en éclats les plus belles constructions dogmatiques[39]. »

Paul insiste sur la réalité et la valeur sotériologique de la résurrection du Christ. Sa mort et sa résurrection sont deux moments indivisibles d'une même œuvre. C'est par les deux moments d'un même acte que le pardon, la réconciliation et la justification sont possibles. En ressuscitant le Christ, Dieu se définit comme celui qui ressuscite les morts. Dès lors, la résurrection à venir est une nouvelle étape dans l'existence de l'humanité et non un retour à une vie ancienne. Sans la croix, tous les hommes auraient été définitivement séparés de Dieu et incapables par eux-mêmes de sortir de cette situation dramatique. La croix du Christ est le chemin vers la vie de Dieu, chemin qu'il est possible d'emprunter à la seule condition d'avoir foi en l'œuvre salvifique et en étant conscient du fait que personne ne peut se justifier devant Dieu. Il est impératif que le péché soit condamné pour que l'homme coupable soit justifié.

---

[38] Dietrich Bonhoeffer, *Résistance et soumission. Lettres et notes de captivité*, Genève, Labor et Fides, 2010, p. 431-432.
[39] Etienne Trocmé, « Avant-propos », in Roland Meyer, *La vie après la mort. Saint Paul défenseur de la résurrection*, Lausanne, Belle Rivière, 1989, p. 17.

> « En accueillant la mort du non-pécheur par excellence, Dieu a condamné le péché en lui ; cet homme devient l'Homme en qui et par qui tout croyant est réintégré dans l'alliance divine. Du fait que Jésus a été pleinement juste, une nouvelle humanité s'instaure désormais en lui[40]. »

Non seulement l'acte salvifique de Jésus justifie le pécheur, mais il le libère de l'esclavage du péché : « Libérés du péché, vous êtes devenus esclaves de la justice » (Rm 6.18).

La justification

Paul considère que Dieu est juste en condamnant le péché, mais en même temps qu'il condamne le péché, il pardonne au pécheur. Pardonner consiste à ne pas faire payer au fautif les conséquences de sa faute. Justifier le pécheur c'est le mettre au bénéfice de la justice du Christ alors qu'il mérite la condamnation éternelle. Justifier le pécheur ce n'est pas le rendre juste, mais le considérer comme juste, c'est-à-dire ne pas le condamner pour ses fautes. Le mystère du salut est géré par un Dieu transcendant capable de justice et d'amour au travers de la personne du Christ.

Le vocabulaire de la justification vient du langage populaire et des expériences connues. Celui qui est juste, c'est celui qui est approuvé, mais la justification implique une action cohérente consécutive à la nouvelle situation. Pour Paul, il s'agit bien d'une justification forensique, c'est-à-dire qui vient de l'extérieur de celui qui en est le bénéficiaire. Cette déclaration ne vient non du condamné lui-même qui n'a aucun droit ni pouvoir de s'autoproclamer juste, mais de celui qui est juste par essence, Dieu. Ce processus juridique aboutit à une déclaration d'acquittement. « La forme forensique, avec son contexte d'alliance dans la relation entre Dieu et Israël, est le premier fondement pour l'enseignement néotestamentaire de la justification par la foi[41]. »

Le condamné n'est plus condamné par la faute commise, mais il est pardonné en ce sens que les conséquences de sa faute ne sont plus mises à charge de son dossier. Etre justifié, c'est se trouver dans la situation où les relations rompues avec Dieu sont à nouveau rétablies et c'est accepter ces relations rétablies. Cette action de justification est l'entrée dans un acte divin qui voit l'injuste comme juste. Etre justifié, c'est être acquitté ; cette situation est à l'opposé de la condamnation. L'acquittement ne peut être que forensique, mais il provoque une transformation de l'être intérieur qui a pris conscience de ce cadeau.

---

[40] Xavier Léon-Dufour, *Face à la mort, Jésus et Paul*, Paris, Seuil, 1979, p. 185.
[41] Ivan Blazen, « Salvation », in Raoul Dederen (éd.), *Handbook of Seventh-day Adventist Theology*, Commentary Reference Series, Volume 12, Hagerstown, Review and Herald Publishing Association and the General Conference of Seventh-day Adventists, 2000, p. 279.

Selon Romains 4.3, la justice de Dieu est imputée à Abraham en ce sens qu'elle est le résultat d'une double action : d'une part Dieu décide, dans son amour et en accord avec sa justice, de sauver l'humanité en lui proposant un plan de rédemption, de l'autre, le bénéficiaire, en l'occurrence Abraham, y répond favorablement. La relation de foi qu'Abraham développe avec Dieu est la réponse à la grâce divine. Abraham (Gn 15.6) a donné la bonne réponse ; celle de celui qui reconnaît en Dieu l'être d'amour et de justice. Paul reprend cette argumentation en Romains 4.3 lorsqu'il dit : « Abraham crut Dieu, et cela lui fut compté comme justice. »

La justification ne peut être qu'un pardon divin. Elle revient à ôter le péché. Toutes les charges retenues contre le coupable sont levées et le condamné est gracié. C'est ce que Paul exprime aussi en 2Co 5.19 : « Car Dieu était dans le Christ, réconciliant le monde avec lui-même, sans tenir compte aux humains de leurs fautes, et mettant en nous la parole de la réconciliation. »

Justification, réconciliation et libération, telles sont les conditions nouvelles de celui qui accepte le sacrifice du Christ : « Car si, lorsque nous étions ennemis, nous avons été réconciliés avec Dieu au moyen de la mort de son Fils, à bien plus forte raison, une fois réconciliés, serons-nous sauvés par sa vie » (Rm 5.12).

De même que la mort s'étend de manière universelle, ainsi la justice d'un seul n'ayant jamais commis de péché, s'étend, elle aussi, de manière universelle sur celles et ceux qui le considèrent comme celui qui est vivant pour toujours : « Ainsi donc, comme par une seule faute la condamnation s'étend à tous les humains, de même, par un seul accomplissement de la justice, la justification qui donne la vie s'étend à tous les humains (Rm 5.18). »

Le salut de l'humanité est affaire de justice divine et non de condamnation arbitraire de l'ennemi diabolique. Dieu n'use pas de son pouvoir absolu pour condamner le mal, mais au travers de l'amour du Christ et de son impeccabilité il fait une démonstration cosmique montrant que la victoire s'acquiert par l'amour sans altérer la loi divine. « La loi de Dieu n'a pas été altérée ou suspendue pour notre justification, mais elle a été accomplie par Christ, le deuxième Adam, agissant en notre nom[42]. » Le moyen employé pour arriver à ne pas condamner les coupables est la grâce. Trouver grâce, c'est jouir de la faveur et de la protection du plus fort.

La résurrection du Fils par le Père marque la fin du règne de la mort. Le Fils a pour mission de réduire tout ennemi, la mort à plus forte raison, à l'impuissance. Mais, comme nous l'avons vu, la stratégie de cette guerre d'amour et de grâce est

---

[42] Raoul Dederen, *op cit.*, p. 180.

complexe et échappe, pour une bonne part, à l'entendement humain. Nous ne pouvons donc pas tout dire puisque nous ne comprenons pas tout. Une bonne partie de cette œuvre salvifique échappe à la connaissance historique et ne peut être acceptée que par le moyen d'une « connaissance de foi[43] ».

Lorsque nous disons « Jésus est mort pour nos péchés », nous acceptons que cet événement puisse être accueilli par des croyants comme un fait réel. Nous prenons ainsi à notre compte une certaine interprétation des données historiques. Cette interprétation ne relève plus de la connaissance universelle, mais de la foi. Lorsque nous disons « Christ est ressuscité des morts », nous énonçons un fait réel pour le croyant convaincu. Et derrière cette réalité de la résurrection du Christ se cache tout le mystère de la résurrection de l'homme, du salut et de la vie éternelle. Derrière cet acte de puissance se cache aussi tout le mystère de la Trinité. L'acte rédempteur du Christ et la révélation de sa personne au monde sont inscrits dans le temps, celui de l'incarnation. Mais le mystère du sacrifice du Christ dépasse de beaucoup ses actions temporaires. Parler de temporalité de la mission christique n'annihile nullement la pré-incarnation durant laquelle s'élabore le plan du salut qui se poursuit au-delà du fait de la résurrection[44].

De sa naissance à sa résurrection, en passant par sa vie et sa mort, Jésus a renoncé à utiliser pour lui-même son potentiel divin. Il s'est fait esclave et il a souffert les atrocités d'une mort horrible. Le Créateur a été ridiculisé, giflé, battu, cloué, percé. Il n'a pas ouvert la bouche si ce n'est pour demander au Père d'accorder son pardon à ceux qui ne savaient pas ce qu'ils faisaient. Il a attendu, comme un humain, que Dieu le fasse sortir du tombeau.

Les écrivains bibliques se sont activés à trouver des métaphores, des images, des comparaisons avec des traditions humaines pour tenter d'expliquer les raisons de la mise à mort de Jésus. Mais à chaque fois nous sommes obligés de constater qu'aucune comparaison avec le connu n'est satisfaisante, car pouvoir expliquer rationnellement la mort de Jésus reviendrait à comprendre le conflit cosmique entre Dieu et Satan. Nous devons nous rendre à l'évidence que les mots nous manquent pour définir avec précision le mode opératoire choisi par la divinité pour résoudre le conflit entre le bien et le mal. L'essentiel n'est-il pas d'en connaître l'issue ? La victoire du bien sur le mal, de la vie sur la mort.

---

[43] Voir Xavier Léon-Dufour, *Résurrection de Jésus et message pascal*, Paris, Seuil, 1971, p. 252.
[44] Voir Roland Meyer, « Etude de la pensée paulinienne sur l'acte salvifique de 1 Corinthiens 15.27-28 », in Ramon Gelabert et Victor Armenteros (éd.), *Al aire del Espiritu, Festschrift al Dr. Roberto Badenas*, Entre Rios, Universidad Adventista del Plata, 2013, p. 151-164.

La foi en la résurrection eschatologique est enracinée dans notre foi en la résurrection de Jésus. Christ nous donne la victoire par anticipation. Si la vie a triomphé en lui et qu'il est le dernier Adam, ce triomphe s'étend à l'humanité désireuse d'en être bénéficiaire. L'espérance dans la résurrection n'est pas subjective, mais elle repose sur la réalité d'un événement passé qui s'actualise en la personne du Christ. La résurrection affirme la seigneurie du Christ sur l'univers et la victoire définitive et complète sur la mort.

En quête de vérité (présente)

Roberto Badenas[1]

Parler de vérité n'est pas une affaire simple. Il n'existe pas une seule définition de la vérité qui remporterait l'assentiment d'une majorité de spécialistes et les définitions les plus répandues continuent de faire largement débat.

Les philosophes classiques ont préparé le terrain à Thomas d'Aquin qui a défini la vérité comme « l'adéquation de l'intellect aux choses » (*adæquatio intellectus et rei*)[2]. Cela est resté pendant des siècles la définition courante des dictionnaires : la *vérité* est une forme d'accord entre *assertion* et *réalité*.

Les choses ont commencé à changer quand Emmanuel Kant a affirmé que la définition classique de la vérité n'est en fait qu'un raisonnement circulaire[3], et Kierkegaard a soutenu que « la vérité est subjectivité. Un être humain ne peut trouver la vérité sans l'expérience subjective de sa propre existence[4] ». Friedrich Nietzsche a ajouté que ce que nous appelons « la vérité » est juste « une invention de conventions établies à des fins purement pratiques[5] », et Erich Fromm a conclu que l'idée d'une « vérité absolue » est devenue obsolète[6].

---

[1] Roberto Badenas, docteur en théologie, a été professeur de Nouveau Testament et doyen de la Faculté adventiste de Collonges-sous-Salève (France), puis directeur du département de l'éducation à la Division Intereuropéenne à Berne. Aujourd'hui professeur émérite, il continue d'écrire et d'enseigner dans de nombreuses facultés. La traduction de cet article, écrit à l'origine en anglais, a été réalisée par Marcel Ladislas.
[2] Thomas d'Aquin, *De veritate* 1.1 ; cf. Lawrence Dewan, « Is truth transcendental for St Thomas Aquinas ? » *Nova et Vetera* 2 (2004/1), p. 1-20.
[3] Emmanuel Kant, *Critique of Pure Reason*, Palgrave, Macmillan, 1929, p. 197.
[4] Sören Kierkegaard, *Philosophical Fragments*, Princeton, University Press, 1985, p. 75 ; *Concluding Unscientific-Postscript*, Princeton, University Press, 1974, p. 181-182.
[5] Cf. Lawrence Hinman, « Nietsche, metaphor and truth », *Philosophy and Phenomenological Research* 43 (1982/2), p. 179-199.
[6] Erich Fromm, *Man from Himself. An Inquiry into the Psychology of Ethics*, New York, Holt, 1947.

Les définitions courantes de la vérité

Ainsi, le débat au sujet de la vérité a conduit à un large spectre de définitions. La raison en est la variété de sens imputée au mot *vérité* quand il est utilisé[7].

Pour beaucoup, depuis l'époque d'Aristote, la vérité est encore définie comme une *correspondance* entre une assertion et la réalité (théorie de la correspondance). Selon cette vision, une assertion est vraie quand elle correspond à la réalité qu'elle est censée décrire[8].

Pour d'autres, la « vérité » signifie *la cohérence* entre ce qui est énoncé et les faits, au moins à l'intérieur d'un système (théorie de la cohérence)[9]. Dans cette optique, une proposition est vraie si elle ne contient pas de contradictions internes[10].

D'aucuns maintiennent que la vérité est tout ce qu'un groupe précis s'accorde à définir comme vérité (théorie du consensus)[11].

Pour quelques-uns, la vérité est *construite* par des processus sociaux, historiques et culturels, mais elle ne reflète aucune réalité externe (théorie constructiviste)[12].

Pour d'autres encore, la vérité est identifiée par son efficacité quand on met en œuvre des concepts dans une pratique effective (théorie pragmatique)[13].

Les théories *minimalistes* ou *déflationnistes* soutiennent que « dire qu'une proposition est vraie consiste à opérer un acte de consentement, d'approbation ou d'endossement d'un énoncé » (théorie performative)[14].

---

[7] Pour une introduction aux discussions sur les théories au sujet de la vérité, cf. Bradley Dowden and Norman Swartz, « Truth, » in James Fieser (éd.), *The Internet Encyclopedia of Philosophy*, [en ligne], disponible sur www.utm.edu/research/iep, 2005.
[8] Fernando Canale, *The Cognitive Principle of Christian Theology*, Berrien Springs, Andrews Springs, 2005.
[9] Par exemple Hegel, Spinoza, Leibnitz, etc.
[10] James Young, « The Coherence Theory of Truth », *Stanford Encyclopedia of Philosophy*, [en ligne], disponible sur www.plato.stanford.edu/entries/truth-coherence.
[11] Cf. Jürgen Habermas, *Communication and the Evolution of Society*, Boston, Beacon Press, 1979, p. 1-68.
[12] L'expression « épistémologie constructiviste » fut premièrement forgée par Jean Piaget dans son célèbre article « Logique et connaissance scientifique » (1967) qui parut dans l'*Encyclopédie de la Pléiade*. Il se réfère au mathématicien Adriaen Brouwer (1605-1638) et au philosophe Giambattista Vico (1668-1744). Cf. *Constructivist Epistemology* (www.answers.com/topic/constructivistepistemology).
[13] Par exemple William James, Charles Pierce, John Dewey, etc.
[14] Cf. Peter Frederick Strawson, « Truth » in *Proceedings of the Aristotelian Society*, suppl. vol. XXIV, 1950 ; Richard Kirkham, *Theories of Truth*, Cambridge, MIT Press, 1992. Le chapitre 10 contient une discussion détaillée de la théorie performative de la vérité de Strawson.

Pour d'autres enfin, la vérité n'est qu'un concept *redondant*, un mot utilisé dans la conversation, principalement pour faire emphase, mais qui n'équivaut à rien dans la réalité (théorie de la redondance)[15].

En dépit de ces variétés de définitions, la quête de la vérité continue[16].

> « Dans le monde scientifique, il y a une quête de la vérité, un désir d'élargir la compréhension humaine de la réalité. Les physiciens cherchent la vérité sur les mécanismes de la création de l'univers, les physiologistes cherchent la vérité sur les mécanismes du corps humain et d'autres physiologistes cherchent la vérité sur les processus de l'esprit. Des historiens cherchent la vérité sur les événements et les développements qui ont façonné le passé des hommes[17]. »

Définition biblique de la vérité

Ce n'est pas mon intention de discuter les théories susmentionnées à propos de la vérité, quoique cela aurait certainement pu être intéressant. Ici, je voudrais seulement considérer le concept biblique de la vérité, tel qu'il est présenté dans quelques passages néotestamentaires.

Le mot « vérité » (en grec *alētheia*) est employé souvent dans le Nouveau Testament comme l'équivalent de l'hébreu *èmèth*, avec quatre sens différents :

- ✓ La vérité opposée à l'erreur (cf. Ep 4.25) : emploi plus ou moins philosophique.
- ✓ La vérité comme intégrité morale, l'honnêteté ou la sincérité, opposée à la tromperie (cf. Jn 8.44) : emploi essentiellement éthique.
- ✓ La vérité comme réalité, une contrepartie des types, des symboles ou des ombres (cf. Col 2.17) ou une simple apparence (cf. Ph 1.18) : emploi tout spécialement herméneutique ou théologique.
- ✓ La vérité comme synonyme de la « foi chrétienne » (comme en 2 Pierre 1.12) : emploi ecclésial bien connu des adventistes.

Jésus définit la vérité comme une incarnation de sa personne : « Je suis le chemin, la vérité et la vie » (Jn 14.6). Cette définition inclut l'ensemble des quatre dimensions mentionnées, puisque Jésus était à la fois (1) vrai envers Dieu ; (2) son messager digne de confiance ; (3) l'accomplissement des types vétérotestamentaires ; et (4) l'incarnation de la révélation divine. Si nous sommes d'accord de définir la vérité comme divulgation, c'est-à-dire un

---

[15] Franck Ramsey, « Facts and Propositions » (1927), réimprimé dans David Hugh Mellor (éd.) *Philosophical Papers*, Cambridge, University Press, 1990, p. 34-51.
[16] Thomas Currie III, *Searching for Truth. Confessing Christ in an Uncertain World*, Westminster, John Knox Press, 2001.
[17] Fritz Guy, *Thinking Theologically*, Berrien Springs, Andrews University, 1999, p. 250.

dévoilement ou une *mise en lumière* de ce qui est réel[18], alors la définition par Jésus de la vérité correspond assez bien à ce que nous appelons « la révélation », puisqu'en lui Dieu s'est révélé à nous d'une manière unique. Cette définition incarnée de la vérité devrait être pour nous un paradigme valide.

« Vérité présente »

2 Pierre 1.12 évoque l'importance de « demeurer ferme dans la vérité présente ». Que signifie cette proposition ? Etant donné que le mot *vérité* peut être vu avec une multiplicité de sens, nous avons besoin de clarifier le sens de l'adjectif *présente* qui qualifie le nom *vérité*. L'adjectif *parousē*, qui traduit « présente » peut avoir au moins trois sens :

- ✓ Spatial : Une vérité qui est manifestée, non cachée ou absente. Le mot *parousē* est apparenté à *parousia*, « manifestation » (cf. v. 9 et Colossiens 1.5 ss.) Dans ce cas, la vérité présente serait une vérité qui apparaît clairement aux observateurs[19].

- ✓ Temporel : Une vérité qui est non seulement passée ou future, mais pertinente pour aujourd'hui.

- ✓ Existentiel : Une vérité en lien avec l'expérience spirituelle des croyants (cf. 2Tm 3.7 et 3Jn 1.8). La vérité dans laquelle chacun a été instruit[20]. Dans ce cas, *la vérité présente* se référerait à « la doctrine chrétienne[21] ».

Notre propos est de soutenir que l'expression pétrinienne « vérité présente » comprend les trois sens. Dans notre histoire adventiste, nous avons abondamment utilisé l'expression « vérité présente » dans ce dernier sens, mais quelquefois, dans un sens restrictif, comme si elle signifiait « le message adventiste ». Il n'y a rien à redire de cet emploi interne, car il appartient à notre héritage et contient une forte valeur inspirationnelle dans notre tradition. Mais j'aimerais regarder plus attentivement l'expression « vérité présente » en prenant en considération tous les sens possibles.

---

[18] Fernando Canale, *op. cit.*, p. 452.
[19] L'idée de vérité comme dévoilement a été développée dans l'œuvre de Heidegger et d'autres. Sur la base du mot grec *alētheia*, la vérité est comprise comme « le dévoilement ou la révélation de quelque chose préalablement caché. La vérité, en ce sens, signifie révéler ou dévoiler. Comme *dévoilement*, la vérité existe quand la réalité se révèle elle-même sans altération ». Cf. Fernando Canale, *op. cit.*, p. 452. [*alētheia* : signifie littéralement *non-caché*, n.d.t.]
[20] *Seventh-day Adventist Bible Commentary*, vol. 6, Washington, Review and Herald, 1955, p. 599.
[21] Harder, dans le *Theological Dictionary of the New Testament* (vol. 7, p. 656) traduit *la vérité présente* du verset de Pierre par « doctrine chrétienne ou christianisme en général ».

La vérité présente dans la tradition adventiste

Fritz Guy, un théologien adventiste, a déclaré :

> « Une des grandes caractéritiques de l'héritage adventiste est son engagement envers la vérité, un engagement qui a été rigoureux et souvent courageux. Cet engagement s'était exprimé par une volonté de s'opposer au monde si d'évidence c'était la voie de la vérité et par une volonté de ne pas s'accorder à certains, même à l'intérieur de la communauté de foi, si la loyauté à la vérité l'exigeait[22]. »

Par ailleurs, Bertil Wiklander affirme :

> « L'idée de la "vérité présente" – vérité opportune pour notre temps – est la singularité la plus saillante de notre héritage adventiste. Si la vérité est par définition toujours vraie, un élément particulier de la vérité peut revêtir une pertinence accrue à un moment précis. La vérité peut être comprise comme éternelle et dynamique en même temps[23]. »

Pour les étudiants et les intellectuels chrétiens, le simple terme « vérité » doit *signifier* découverte et développement. Un chrétien authentique, dans le sens le plus profond, doit être aussi pleinement loyal à la vérité que nous avons encore à découvrir, qu'à celle que nous connaissons déjà. En ce sens il apparaît que :

> « Toute tentative de faire des compréhensions particulières du passé, quel que soit leur contexte historique, le critère final de l'interprétation présente et à venir de la foi n'est pas simplement une mauvaise idée ; c'est une trahison du principe adventiste fondamental de la "vérité présente"[24]. »

Quelques croyants, soucieux d'être fidèles à la vérité révélée par Dieu à son peuple, semblent négliger les défis du monde présent et vivent dans le passé pour s'assurer de ne pas s'éloigner de la *vérité présente* des pionniers. D'autres, désireux de donner une réponse au monde environnant, n'hésitent pas à émonder la révélation divine dans leur recherche de pertinence pour faire face aux défis du présent. Pour éviter ces deux extrêmes, il devient nécessaire de surmonter la tentation de séparer deux réalités qui tiennent ensemble. Par fidélité au texte biblique, nous ne pouvons donc séparer la *vérité* du *présent*[25].

Allégeance à la vérité

Comme chrétiens, nous avons une double allégeance : envers la vérité révélée de Dieu et envers le monde actuel dans lequel Dieu nous a placés avec une mission (Mt 28.18-20). Nos deux allégeances – la vérité et le présent – semblent parfois

---

[22] Fritz Guy, *op. cit.*, p. 52.
[23] Bertil Wiklander, « The truth as it is in Jesus, » *Ministry* (Février 1996), p. 5-7.
[24] Fritz Guy, *op. cit.*, p. 80.
[25] Cf. Eckhart Tolle, *Le pouvoir du moment présent. 52 cartes d'inspiration pour apprendre à vivre le moment présent*, Paris, Guy Trédaniel, 2017.

en conflit. Quelques-uns de nos contemporains, ouverts aux théories scientifiques, ont des difficultés à trouver la notion biblique de la vérité compatible avec leur vision de la réalité. Comme universitaires chrétiens, nous pouvons nous sentir pris en tenaille dans la pénible tension entre le « présent » et la « vérité », comme si ces deux réalités représentaient deux mondes irréconciliables. Nous sommes tentés de nous retirer de l'un en capitulant devant l'autre. Nous nous efforçons souvent de rester fidèles à la révélation d'hier, mais quelles sont les implications pour les réalités d'aujourd'hui ? Bien qu'il ne soit pas facile d'allier loyauté au passé avec ouverture au présent, il ne faut pas perdre de vue que notre vocation et notre mission consistent à vivre dans le monde sous l'égide de la Parole. Comme disciples du Christ, nous sommes appelés à élever la « vérité présente » comme une vérité du présent.

Si nous croyons que la tâche de l'universitaire chrétien est de chercher la vérité, de saisir cette vérité et de l'enseigner, nous devons convenir que pour nous en tant qu'individus, « tout autant qu'en tant que communauté de foi, l'allégeance à la vérité est le premier et le plus élevé des principes de la théologie. Puisque la théologie est une entreprise cognitive, la vérité en est la valeur suprême[26] ». Comme membres du corps du Christ, nous avons un engagement personnel et collectif envers la vérité.

La vérité comme doctrine

Dans le monde occidental classique, la vérité était censée se trouver au moyen de la raison et de la réflexion. Une pensée éclairée était requise pour produire des actes vertueux, la personne raisonnable devenant alors une personne bonne. Ainsi, pour Platon, « tant que les philosophes ne seront pas rois dans les cités, ou que ceux qu'on appelle aujourd'hui rois et souverains ne seront vraiment et sérieusement philosophes ; il n'y aura de cesse aux maux des cités, ni à ceux du genre humain[27] ». Cette idée est encore vivace aujourd'hui dans ce qu'on a appelé *le mythe occidental fondamental* – « le mythe de la tête, de l'esprit, de l'importance de la logique rationnelle et impersonnelle[28] ».

Traduite en termes chrétiens, la vision classique fait coïncider « la vérité » avec la raison et les propositions doctrinales. Cette vue, qui intellectualise la vérité, est évidente dans l'idée populaire pour qui la religion est une affaire personnelle, une décision privée, dépendante des croyances. Cette approche doctrinale de la vérité conduit à une spiritualité souvent tellement préoccupée par la

---

[26] Fritz Guy, *op. cit.*, p. 52.
[27] Platon, *La république*, Livre V, 473c, Paris, Librairie Garnier Frères, 1958, p. 229.
[28] Michael Novak, *Une éthique économique. Les valeurs de l'économie de marché*, Paris, Cerf, 1987.

formulation exacte des croyances et la défense des dogmes que nous pouvons oublier l'essentiel : notre loyauté envers Dieu dans le quotidien de nos vies. Cette façon de voir la connaissance est principalement théorique, et il est possible qu'un érudit reconnaisse la Bible « comme l'incarnation de la connaissance et de la vérité, et se considère comme un enseignant orthodoxe... et prêche les commandements et cependant chaparde, ou commette un adultère, ou vole le temple » (cf. Rm 2.21,22). A cause de telles incohérences, dit Paul, le nom de Dieu est blasphémé[29]. Notre expérience personnelle montre que notre action peut parfois s'écarter de nos croyances affirmées. Notre acquiescement intellectuel à certaines doctrines n'inclut pas toujours la mise en pratique de certaines de leurs implications. Ainsi, par exemple, nous pouvons soutenir publiquement l'importance de la souveraineté de Dieu tout en ne lui accordant pas la possibilité de toujours régner sur notre vie privée. Un des problèmes du christianisme traditionnel à travers les siècles est cette inclination à élever *l'orthodoxie* (une pensée correcte) au-dessus de *l'orthopraxie* (un agir correct). Nous n'avons pas besoin de retourner dans un passé lointain pour observer que la présomption de posséder la vérité conduit souvent à l'arrogance, l'intolérance ou pire.

La vérité telle qu'elle est en Jésus

Jésus-Christ, notre maître et notre modèle, nous a donné un exemple parfait de ce que signifie la loyauté à l'égard de la vérité. Chez lui, les paroles et les actes, à la fois publics et privés, étaient cohérents. Il avait une cohérence de vie globale, et non une vie compartimentée entre « vie professionnelle », « vie sociale », et ainsi de suite. S'écartant de la ligne de pensée prédominante de la plupart des philosophes de son époque – et de notre temps également –, Jésus avertit que *la connaissance de la vérité* n'est pas seulement un effort intellectuel mais essentiellement une expérience libératrice (cf. Jn 8.32). Cette sorte de connaissance est un processus, un combat qui mobilise toute la personne. Compartimenter la vie est une pensée étrangère à la manière de penser des vrais disciples du Christ. Ils sont appelés à vivre la vérité présente en théorie et en acte, en credo et en conduite, en pensée et sans réserve. Une allégeance à la vérité exige de l'universitaire chrétien qu'il soit « méticuleux en assemblant les preuves, honnête en reconnaissant les arguments soulevés à l'encontre de sa position, équitable en estimant le poids de ces arguments, sympathique en représentant la position de ceux avec lesquels il est en désaccord[30] ». En ce sens,

---

[29] Gerrit Berkouwer, « Revelation and Knowledge » in *Studies in Dogmatics. General Revelation*, Grand Rapids, Eerdmans, 1955, p. 37-171.
[30] Basil Mitchell, *Faith and Criticism*, Oxford, Clarendon Press, 1994, p. 23.

défendre la vérité exige autant d'humilité et de courage que de science et d'intelligence.

Vérité vivante

Notre souci ici est le suivant : Comment pouvons-nous aborder la vérité pour que notre vie personnelle soit transformée, faisant de nous des gens meilleurs, et pour que notre mission comme Eglise soit renforcée ? Paul affirme que la conversion est censée influer sur notre manière de penser, et que nous devons « être transformés par le renouvellement de notre intelligence » (Romains 12.1-2). Cette nouvelle façon de raisonner, en accord avec la conception biblique de la personne comme une entité une et indivisible, ne laisse pas de place pour une dichotomie entre pensée et action. Selon la Bible, *la vérité est avant tout relationnelle*. La réalité et la vérité sont mieux perçues, non seulement par un raisonnement logique, mais aussi à travers une expérience directe. La vraie connaissance de Dieu est essentiellement empirique, et croît à travers une rencontre personnelle avec lui. La connaissance personnelle de Dieu est plus qu'une connaissance s'appuyant seulement sur des affirmations le concernant. Ce n'est pas le produit d'une pensée spéculative, mais le résultat d'une expérience personnelle avec Dieu, en lien avec son œuvre de salut (cf. Dt 4.39 ; Jr 22.15, 16). En ce sens donc, connaître la vérité, c'est davantage qu'acquérir un *savoir sur* elle. Connaître Dieu – source ultime de Vérité – c'est le rencontrer en vrai, dans notre vie, l'écouter et lui obéir. C'est pourquoi dans la Bible, la foi n'est pas un simple produit de la raison. Ce n'est pas uniquement une certitude intellectuelle en matière de doctrine. En réalité, même le diable « croit » d'une certaine manière, sans connaître ou avoir foi au sens biblique de ces termes (cf. Jc 2.19) ! Car la foi, selon le Nouveau Testament, est une attitude de confiance, une loyauté envers une personne plutôt qu'une liste de croyances[31], même si ces croyances sont importantes. Ce que j'avance, c'est que la foi doit nous amener au-delà d'un regard détaché et spéculatif pour nous introduire dans la sphère d'une implication interpersonnelle (Jn 8.31-32). La vraie foi rend la vérité présente dans notre vie.

Rendre la vérité présente

Comment pouvons-nous traiter de la vérité d'une manière telle que toute notre vie en soit pénétrée et nous donne une plus claire perception de notre réalité

---

[31] André Chouraqui traduit le nom *pistis*, (habituellement rendu « foi »), par *adhérence*, et le verbe *pisteuō* « croire » par *adhérer* (*La Bible*, Paris, Desclée de Brouwer, 2003).

présente et de notre mission ? Comment pouvons-nous rendre *la vérité* « présente » dans notre vie personnelle ?

Si la tâche de l'universitaire chrétien est de chercher la vérité, de connaître la vérité, de l'enseigner, on s'attend par conséquent à ce que les universitaires, mieux que quiconque, reflètent dans leur vie les résultats de cet engagement. La vérité est puissante quand elle est argumentée, mais elle l'est encore plus quand elle est incarnée. Il y a de la puissance dans la prière mais il y a davantage de puissance quand nous prions tout en agissant. Il y a de la puissance dans la vérité, mais il y en a bien davantage dans une vérité qui est présente. Car les gens ont besoin non seulement de comprendre les raisons de notre foi, mais aussi de voir les bienfaits qu'elle produit dans nos vies et autour de nous. Un étudiant chrétien dans une classe, une infirmière dans un hôpital, une secrétaire dans un bureau, un aide dans une boutique, ou un ouvrier dans une usine, engagé à rendre *la vérité présente* peut avoir une influence incalculable, au-delà des statistiques. Comme chrétiens nous avons une mission. Nous sommes des signes à l'école, au travail et au foyer ; le monde nous observe (cf. 2Co 3.2 ; He 12.1-2).

Une Eglise qui rend la vérité présente

Comme membres du corps du Christ, nous, ses rachetés, nous sommes destinés à être sa communauté présente, l'incarnation concrète de la vérité et des idéaux de son royaume. Le petit groupe était le choix privilégié de notre Seigneur comme moyen d'action. Il commença avec les Douze. L'histoire de l'Eglise qui s'est développée depuis abonde d'exemples de l'influence stratégique des petits groupes. A travers les siècles, l'humanité a été dirigée par des minorités audacieuses. Tom Sine a su expliciter cette idée dans son livre *The Mustard Seed Conspiracy* [*La conspiration du grain de sénevé*], dont le titre fait allusion à la parabole de la minuscule semence qui devient un arbre. Son sous-titre est *Vous pouvez faire une différence dans le monde troublé de demain*[32]. En voici l'idée principale :

> « Jésus nous a confié un secret surprenant. Dieu a choisi de changer le monde par les humbles, les gens simples, inappréciables... Cela a toujours été la stratégie de Dieu – changer le monde par *la conspiration des insignifiants*. Il choisit une bande dépenaillée d'esclaves sémites pour devenir les révolutionnaires d'un nouvel ordre. [...] Et qui aurait rêvé que Dieu choisirait d'œuvrer par un bébé dans une étable pour bouleverser le monde ! "Dieu a choisi les choses folles, les choses faibles,

---

[32] Tom Sine, *The Mustard Seed Conspiracy. You can make a difference in tomorrow's troubled world*, London, Marc, 1981. Voir aussi. Tom Sine, *The Mustard Seed versus McWorld. Reinventing Life and Faith for the Future*, Grand Rapids, Baker, 1999.

les choses viles, les choses qui ne sont pas" (1Co 1.27-28). C'est encore la politique de Dieu, agir à travers un présent d'une déconcertante insignifiance pour transformer ce monde et créer son futur[33]. »

En commentant cette idée, John Stott écrit :

> « *Le présent d'une déconcertante insignifiance*. Je ressens le besoin de souligner cette politique de chamboulement que Dieu a adoptée. Dans le même temps, je suis désireux que l'on saisisse le réalisme d'une telle politique. Ce que les minorités manquent par le nombre, elles peuvent le gagner par la conviction et l'engagement[34]. »

Motivés par leur amour pour Dieu et pour l'humanité, par leur engagement envers la vérité, les premiers chrétiens, les réformateurs et leurs héritiers, l'Eglise adventiste incluse, sont allés de par le monde prêchant la Parole de Dieu, et changeant le monde parce que rien n'a plus d'influence que l'Evangile pour plus d'humanité, plus de bonté. Dans leur effort pour rendre la vérité *présente*, le peuple de Dieu a fondé des écoles et des hôpitaux ; pris soin des aveugles et des sourds, des orphelins et des veuves, des malades et des mourants ; lutté contre la traite des esclaves ; amélioré les conditions des travailleurs dans les minoteries et les mines, celles des prisonniers ; protégé les enfants et les femmes des abus ; et amené à toutes sortes de souffrants à la fois la compassion de Jésus et les méthodes modernes de la médecine, la chirurgie reconstructrice et la réhabilitation. Rendre la vérité *présente* nous maintient en état de prêcher l'Evangile jusqu'au retour de Jésus.

Conclusion

Nous apprenons de Jésus que la loyauté à l'égard de la vérité exige une loyauté envers sa personne. Nous sommes fidèles à la vérité en rendant le Christ présent dans notre vie et autour de nous (cf. Mt 25.31-46). Le disciple sage est guidé « par l'Esprit de vérité dans toute la vérité » (Jn 16.13). Le pouvoir des paroles de Jésus est reconnu si nous les accomplissons. Tandis que Jésus est la Parole de Dieu *incarnée*, nous nous satisfaisons avec des mots *embaumés* par notre rhétorique. Plus important que la formulation de l'Evangile en un crédo correct – et il ne faut pas nier l'importance d'une telle formulation – nous devons nous efforcer de l'incarner par des actes éclairants. La vérité a besoin de devenir présente.

Ma proposition est celle-ci : au lieu de construire sur une notion étriquée de la *vérité présente* comme un héritage, édifié sur une liste de doctrines, nous devons

---

[33] Tom Sine, *The Mustard Seed Conspiracy*, London, Marc, 1981, p. 11-12.
[34] John Stott, *Issues Facing Christians Today*, Grand Rapids, Zondervan, 1984, p. 19-22, 75-78.

construire sur la notion biblique de la vérité rendue présente, enracinée dans la dynamique de la sagesse divine. Au lieu de relier le concept de *vérité présente* principalement à un concept restreint du reste de Dieu, émanant d'un esprit fermé et d'une Eglise centrée sur elle-même, nous devrions nous efforcer de rendre la vérité présente, en lien avec notre missiologie, une missiologie empreinte de justice et de miséricorde, et non obsédée par les quotas et les statistiques. Au lieu de restreindre la vérité présente au domaine apocalyptique, nous devons explorer une théologie biblique du temps, où la permanence des fondamentaux imprégnerait l'urgence de l'attente de la fin dernière et où le *kairos* (les opportunités présentes) inspirerait la manière de nous préparer pour les évènements à venir du *chronos* (le temps final). Au lieu d'une approche légaliste de la loi divine, considérons cette loi comme une manière de rendre la vérité vivante, présente dans notre quotidien, une conséquence de notre alliance avec Dieu, grâce à la présence de l'Esprit dans nos cœurs. Ainsi, en demeurant « fermes dans la vérité présente » (2P 1.12) nous serons capables de rendre la *vérité* réellement *présente* dans nos vies et autour de nous.

Les femmes du deuxième évangile

Yvan Bourquin[1]

Dans cet article[2], je me propose de traiter le sujet des *femmes*. Comment sont-elles dépeintes dans tel ou tel écrit biblique ? Quelle est leur condition ? Sont-elles promues ou reléguées ? Le tableau est-il traditionnel ou novateur ?

Il a naturellement fallu restreindre le champ de recherche, et j'en ai choisi un qui m'est cher : l'évangile de Marc. Le choix du genre littéraire « évangile » présente l'avantage de ne pas me limiter à des déclarations, mais de faire ressortir la relation qui s'établit entre Jésus et les femmes.

Nous analyserons tour à tour les textes qui mettent en scène des femmes dans cet évangile, en commençant par celles qui sont admirables, avant d'aborder celles qui dysfonctionnent. La mise en miroir finale permettra de mieux saisir l'enjeu, cas après cas, et de réaliser une synthèse.

La femme au parfum (Mc 14.3-9)

Elle survient de manière tout à fait inattendue dans un milieu masculin, sans y être aucunement conviée, sans exercer aucune tâche habituelle. Rien ne laissait prévoir son apparition, rien ne justifie sa présence – disons plutôt son irruption. Telle est sa première fragilité, qui est également une force.

Notons que le narrateur est très sobre : « Elle brisa le flacon d'albâtre et lui versa [à Jésus] le parfum sur la tête » (Mc 14.3). Marc ne dévoile rien des intentions de cette femme, ni du sens codé qu'un tel geste pouvait avoir à l'époque. L'action est décrite de l'extérieur, comme un observateur neutre aurait pu la voir du dehors.

---

[1] Yvan Bourquin, docteur en théologie, est entre autres chargé d'enseignement en narratologie à la Faculté adventiste de théologie de Collonges-sous-Salève (France).
[2] A l'origine, ce sujet a été présenté au Réseau de recherches en narratologie biblique (RRENAB), le 3 juin 2017, à l'Université Laval (Québec).

Les réactions hostiles se déclenchent sans tarder. L'attitude des réfractaires est décrite par deux verbes : 1) ces gens s'irritent, s'indignent [*aganaktountes*] ; 2) ils s'emportent contre la femme, ils la rabrouent [*enebrimōnto*]. Jean Delorme[3] fait observer que ce dernier verbe est aussi utilisé pour les chevaux quand ils soufflent bruyamment, quand ils s'ébrouent – ce qui comporte une image de l'ordre respiratoire, qui justifierait la traduction : ils grognent contre elle. Telle est la deuxième fragilité de cette femme : elle se trouve immédiatement en butte à une critique acerbe.

La troisième (et dernière) fragilité est encore plus intéressante. Elle se situe au niveau de la narration. Cette femme est privée de parole. Il ne lui appartient pas de se défendre. Et c'est Jésus qui se charge immédiatement de sa défense : lui la considère comme une *personne à part entière* – ce qu'ont totalement manqué les indignés. Ceux-ci « se disaient entre eux » [*pros heautous*] (v. 4) ; en d'autres termes, ils raisonnent et ne s'adressent à personne, ils ne tiennent aucun compte de l'autre et s'enferment sur eux-mêmes, sachant tout juste grogner contre cette femme. Jésus intervient pour parler d'elle et de son geste. Non pas pour lui adresser la parole (ce qu'il aurait pu faire), mais pour valoriser son acte, et ainsi la soustraire aux critiques. A ce point de vue, la faiblesse de cette femme se transforme en force !

Jean Delorme et Camille Focant résument très bien la situation :
> « Il [Jésus] la rétablit comme « autre », avant de dire ce qu'il lit dans son intervention[4]. »

> « La belle œuvre de la femme est d'avoir saisi la portée du moment : pour cette circonstance exceptionnelle, elle a posé un geste exceptionnel[5]. »

Aussi le geste de la femme prend-il une dimension tout à fait insoupçonnée dans les paroles finales : « Amen, je vous le dis, partout où la bonne nouvelle sera proclamée, dans le monde entier, on racontera aussi, en mémoire de cette femme, ce qu'elle a fait » (Mc 14.9). Jésus affirme que l'on en parlera « en mémoire d'elle ». Il s'agit d'un véritable mémorial.

A la lumière de la déclaration de Jésus, le récit de la femme anonyme et de son précieux parfum accède à une position de choix : il devient le centre d'un dispositif que l'on appelle « jeu de miroirs ». C'est un condensé de l'Evangile. Le récit de l'onction à Béthanie prend la place du parfum perdu, de même que la parole de l'Evangile prendra la place du corps absent de Jésus.

---

[3] Jean Delorme, *L'heureuse annonce selon Marc*, Paris/Montréal, Cerf/Médiaspaul, 2008, p. 423, note 11.
[4] *Ibid.*, p. 425.
[5] Camille Focant, *L'évangile selon Marc*, Paris, Cerf, 2004, p. 515.

En offrant ce parfum très coûteux pour honorer Jésus, cette femme prend place au côté de la pauvre veuve qui, en offrant ses deux petites pièces au Trésor du temple, a mis plus que tous les autres, car « elle a mis, de son manque, tout ce qu'elle possédait, tout ce qu'elle avait pour vivre » (Mc 12.44).

Est-ce un hasard si ces deux femmes interviennent, l'une juste avant, l'autre juste après le discours de Jésus au chapitre 13, dans lequel il exhorte ses disciples à la vigilance (v. 33 « Prenez garde, restez éveillés » et 37 « Ce que je vous dis, je le dis à tous : veillez ») ?

Ce qui lie la femme au parfum et la pauvre veuve, c'est l'offrande qu'elles consentent à faire. La dimension de ce don est à la mesure de leur liberté.

La femme à la perte de sang et la fille de Jaïros (Mc 5.21-43)

Marc évoque ainsi la fillette de Jaïros dans la demande de son père : *to thygatrion mou* = ma fillette. Puis dans les termes des messagers : *hē thygatēr sou* = ta fille. Ensuite, en arrivant chez Jaïros, par trois fois, il est question du *paidion* (petit enfant). Enfin, dans la parole de guérison et dans la fin du récit, c'est le mot *korasion* (petite fille, fillette) qui est utilisé. A noter : *thygatēr* introduit un lien de filiation, tandis que *korasion* n'a pas du tout ce sens-là.

Concernant la femme à la perte de sang, elle est désignée dans le récit par les mots *gynē tis* (une certaine femme, une femme quelconque). Cependant, lorsque Jésus l'a entendue dire « toute la vérité », il s'adresse à elle en l'appelant *thygatēr* (fille, avec sens de filiation).

Pour la femme, il est question de douze ans de maladie. Quant à la fillette, elle a douze ans. Ce parallélisme permet de relier la femme et la fille de Jaïros par ce laps de temps : cette période signe un moment dans lequel ni l'une ni l'autre n'ont été pleinement féminines. Dans les deux cas, nous rencontrons des créatures nouvelles qui renaissent grâce à Jésus ; les verbes employés pour la fillette (*egeirai, anestē*) nous confortent dans cette interprétation.

Il convient d'aller plus loin. Comment s'opère cette renaissance, cette « résurrection » ? Cela passe par le niveau relationnel. Pour la femme, isolée et malade, le lien social est dissous ; elle doit se cacher. En lui adressant publiquement la parole, Jésus la restitue comme « fille », autrement dit la fait entrer dans un réseau de filiation ; elle est adoptée, réintégrée.

Tout autre est le cas de la « fille de Jaïros ». Son anonymat cache une appartenance : « fille de »... Il peut être terriblement pesant d'être « fille de », « sœur de », « femme de » ! Que de souffrance ! Serait-ce là l'origine de son anorexie (suggérée par les psychanalystes qui se penchent sur ce texte) ? A part le souci de lui assurer la nourriture indispensable, Jésus la délivre de son appartenance en l'appelant *korasion*. Elle devient une personne à part entière.

> « Elle est passée du stade de « *ma* fille », c'est-à-dire objet possédé par son père [...] à une existence propre de fille autonome, *korasion*[6]. »

La femme syro-phénicienne (Mc 7.24-30)

Le dialogue entre Jésus et la femme syro-phénicienne met en valeur, une fois de plus, le fait que la femme est souvent le personnage actif ; ici, c'est la Syrophénicienne qui, dans un sens, mène le débat. Elle pousse Jésus à prendre une attitude qu'il ne semblait pas avoir envisagée au début du dialogue, et elle y parvient grâce à un jeu habile de vocabulaire.

Suivons le récit pas à pas. Chez Marc, Jésus entre dans une maison du territoire de Tyr (donc à l'étranger) et désire séjourner là incognito, mais il ne peut rester ignoré. Sa réputation l'a devancé et une femme a entendu parler de lui.

Matthieu ajoute ici que Jésus ne répond pas à sa demande de guérison pour sa fille, et que cette femme crie derrière le groupe des disciples. Ceux-ci demandent à Jésus de la « délier » (comme on détache un animal, notamment un chien). En grec : *apolyson autēn*. Le verbe est à double sens : la « renvoyer », ou la « libérer » ; l'ambiguïté subsiste.

Revenons au deuxième évangile. Jésus répond à la femme : « Laisse d'abord les enfants se rassasier, car ce n'est pas bien de prendre le pain des enfants pour le jeter aux petits chiens. » Notons que la traduction « petits chiens » – souvent présentée comme un adoucissement – n'est peut-être pas la bonne. Il est possible que le terme renvoie aux « chiens de la maison », aux « chiens domestiques[7] ». Dans cette optique, Jésus oppose à la femme une fin de non-recevoir, mais il ouvre une brèche que celle-ci saura exploiter.

---

[6] Christiane Nani, « La figure de l'enfant dans l'évangile de Matthieu. Un parcours exégétique », article non encore publié. L'auteure précise : « C'est le seul exemple dans lequel un père supplie Jésus pour une fille [...] ; cela est important dans le contexte social de l'époque, quand on sait qu'à Rome, par exemple, on ne donnait pas de prénom aux filles mais on les nommait avec le nom gentilice au féminin. »

[7] Christiane Nani (*Ibid.*) cite à ce sujet Jean-François Baudoz, *Les miettes de la table*, Paris, Gabalda, 1995, p. 148 : « Bauer fait [...] une remarque intéressante : d'après Phrynichus qu'il cite, le diminutif correct de *kuôn* n'est pas *kunarion* mais *kunidion*. Dans cette perspective, le mot *kunarion* désignerait non pas le jeune chien ou le petit chien mais le chien domestique, en opposition au chien qui court les rues [...] Telle était déjà bien l'interprétation d'Origène qui voyait dans ces *kunaria* les *kunidia tês oikias*. »

> « Assimilée [...] par celui qu'elle supplie à un *kunarion*, la femme va comprendre qu'elle n'est pas un chien errant et irrécupérable, elle est, certes, une païenne, assimilable à un chien, mais il y a place pour elle dans la maison[8]. »

Dans sa réponse, la Syro-phénicienne revient sur les « miettes » (petitesse de la demande), mais précise que celles-ci tombent de la table (naturellement, sans besoin d'action particulière).

Disant cela, elle tient bon, tout en contournant la difficulté. Marion Muller-Colard a trouvé les mots pour le dire :
> « Elle ne contourne pas la vérité, elle contourne l'appartenance pour infiltrer le cas de sa fille dans le souci de cet homme. [...] Retournement. Conversion de Jésus de Nazareth. Conversion d'un prophète juif en Fils de l'homme[9]. »

Les deux évangiles concluent : « A cause de cette parole, va, le démon est sorti de ta fille » (Marc) et « Femme, ta foi est grande ! Qu'il t'arrive comme tu le veux ! » (Matthieu).

Bilan provisoire

Face à la pression ou à la manipulation sous toutes ses formes, le récit met en évidence l'entière liberté de chacune de ces femmes. Cette liberté s'incarne dans l'offrande, dans le don de soi.

Le récit vise à nous libérer de tout rejet discriminatoire, de toute appartenance abusive et paralysante. Il nous propose d'accéder à une identité nouvelle, au-delà des particularismes.

Ce bilan, extrêmement positif, trouve une contrepartie dans trois récits du même évangile. Il s'agit, dans chaque cas, d'un dysfonctionnement majeur en rapport avec une ou plusieurs femmes.

Le premier dysfonctionnement : Hérodiade et sa fille (Mc 6.17-29)

C'est le seul récit du deuxième évangile où n'apparaissent ni Jésus, ni les disciples, ni même les chefs religieux. C'est une femme, Hérodiade, qui occupe le centre même de la composition.

Elle figure au début, là où ses sentiments sont clairement dévoilés. Elle hait Jean le Baptiste et veut le faire mourir, sans toutefois y parvenir, car son mari, le « roi » Hérode, craint cet homme qu'il estime juste et saint et qu'il protège. Jean le Baptiste avait dénoncé ce couple comme illégal, et « Hérodiade s'acharnait

---

[8] *Ibid.*, p. 263.
[9] Marion Muller-Colard, *Le complexe d'Elie. Politique et spiritualité*, Genève, Labor et Fides, 2016, p. 108-109.

contre lui [*eneichen autō*] et voulait le tuer ». Camille Focant commente ainsi la situation :

> « Le texte fait apparaître les désirs contradictoires dans lesquels il [Hérode] s'est enfermé. Il veut tout à la fois, la femme de son frère et la parole du prophète à écouter. Il vit avec une femme qui veut se débarrasser de celui qu'il « préserve » après l'avoir fait enfermer. L'impasse dans laquelle Hérode s'est enfermé est patente : il est perplexe, littéralement en état « d'aporie » (il était embarrassé, *ēporei*). Cette situation ne peut pas durer, elle doit évoluer[10]. »

Au milieu du récit, après la danse de sa fille devant le roi et ses convives, le discours direct fait son apparition : a) le roi exprime son admiration publiquement, et répète sous serment : « Tout ce que tu me demanderas, je te le donnerai, serait-ce la moitié de mon royaume » ; b) la fille s'enquiert auprès de sa mère : « Que vais-je demander ? » ; c) celle-ci répond sans hésiter : « La tête de Jean le Baptiste » ; d) la fille revient vers le roi en toute hâte [*euthys meta spoudēs*] et demande : « Je veux que tu me donnes tout de suite sur un plat la tête de Jean le Baptiste ». Camille Focant fait observer avec justesse que la jeune fille devient alors « l'instrument de la volonté de sa mère[11] » et même en surajoute (« tout de suite », « sur un plat »).

A la fin du récit, la tête de la victime est donnée à la jeune fille [*tō korasiō*], qui la donne à sa mère (omniprésente, mais en coulisse). L'ironie atteint son point culminant :

> « Le prophète vêtu et nourri de façon sauvage (1.6) a osé critiquer l'attitude du roi. La cour civilisée de celui-ci s'ensauvage dans un assassinat qui fait suite à une union interdite et à l'enfermement dans un serment inconsidéré. Le roi s'est lui-même emprisonné dans ses contradictions et n'offre plus qu'une dérision du pouvoir royal contraint de s'exécuter en exécutant le prophète emprisonné, mais libre porteur de la parole[12]. »

C'est le monde de la manipulation (la mère), de la séduction (la fille et sa danse), le fait de se trouver « sous influence » (la fille par rapport à sa mère dominatrice). Le roi lui-même est enchaîné par son serment. Monde du paraître et des intrigues, monde du faste et du désir de puissance – un monde où la liberté n'existe pas et ne peut pas exister.

Cette scène d'horreur peut se lire en parallèle avec d'autres textes du deuxième évangile.

Sur le plan psychosocial, nous voyons que le rapport mère-fille est travaillé dans cette section de l'évangile (chapitres 6 et 7). Le rapport entre Hérodiade et sa

---

[10] Camille Focant, *L'évangile selon Marc*, p. 237, note 3.
[11] *Ibid.*
[12] *Ibid.*, p. 238.

fille est porteur de mort (Hérodiade enferme le désir de sa fille dans son propre désir, qu'elle lui dicte – sa fille étant consentante) ; au contraire, le rapport entre la femme syro-phénicienne et sa fille est porteur de vie, puisque sa parole de foi est à l'origine de la guérison qu'elle obtient.

Sur le plan politique, le récit impliquant Hérode et sa femme constitue une réflexion sur le fonctionnement et le rôle des autorités. Il s'établit un parallélisme frappant entre le tétrarque Hérode et le procurateur Ponce Pilate. « Les deux textes illustrent [...] chaque fois comment le pouvoir tue[13]. »

Enfin, au niveau théologique – et c'est le plus important pour la compréhension de notre péricope – il ne faut pas oublier la construction en sandwich : 6.14-19 (Hérode et Jésus, mort de Jean) est précédé de 6.7-13 (envoi en mission des Douze) et le récit de la mort du Baptiste est suivi de 6.30 (retour des Douze). Le sens est limpide : la mort du prophète dévoile ce qui attend Jésus lui-même, ainsi que ses disciples. La Passion de Jean le Baptiste est en parallèle étroit avec celle de Jésus. Comme elle est décrite ici en un condensé saisissant, on peut même parler de « mise en abyme » de la Passion du Christ.

Le deuxième dysfonctionnement : Marie et les frères de Jésus (Mc 3.31,35)

Parmi les femmes du deuxième évangile, au niveau du dysfonctionnement, il y a celle que l'on n'attendait pas du tout : la mère de Jésus ! Elle vient avec les « frères de Jésus », et ils le font appeler. Il s'agit, non des « cousins » de Jésus ni de ses demi-frères, mais plus probablement des enfants auxquels Marie a donné naissance après la naissance de Jésus.

Sur un plan *historique*, on sait que Jacques, le frère de Jésus, avait un rôle très influent dans l'Eglise de Jérusalem ; il y imposait un strict respect de la Loi et représentait l'aile judéo-chrétienne (voir Ga 2.12 ; Ac 21.18-25). Il se pourrait que Marc, représentant un pagano-christianisme plus libre par rapport à la Loi, ait traduit cette liberté en dépeignant d'une manière peu flatteuse la famille de Jésus en désaccord avec celui-ci, de son vivant. Mais si cette hypothèse est exacte, il faudrait alors justifier le fait que Matthieu, plus proche des milieux judéo-chrétiens, reprenne presque sans retouche l'allusion à la mère et aux frères de Jésus.

Examinons donc le texte lui-même, en nous penchant sur deux aspects de type *littéraire* : le vocabulaire employé et la construction du récit.

---

[13] *Ibid.*, p. 240.

Deux points sont à noter sur le plan du vocabulaire :

Le verbe utilisé en Mc 3.31, « ils le firent appeler [*kalountes auton*] », est le même que celui qui décrit l'appel des fils de Zébédée, « il les appela [*ekalesen autous*] » (1.19-20). Il est frappant de constater que le même verbe est utilisé pour l'appel à la mission, d'une part, et de l'autre pour la tentative de détourner Jésus de sa mission en le ramenant à la maison (et à la raison !).

Au même verset, il est dit que la mère et les frères de Jésus le font appeler « en restant dehors [*exō stēkontes*] ». Cela revient à dire que « les siens [*hoi par' autou*, littéralement : ceux d'auprès de lui] » se trouvent maintenant dehors. Ce qui fait écrire à Camille Focant :

> « Symboliquement ce "dehors" s'oppose à "ceux qui étaient assis en cercle autour de lui" (v. 34) et qui font la volonté de Dieu (v. 35). Leur situation ne manque pas d'une certaine ironie si l'on se souvient qu'ils jugeaient Jésus "hors de sens" (v. 21). Ce sont plutôt eux qui sont dehors, et cela les met en parallèle avec les adversaires de Jésus qui seront décrits quelques versets plus loin comme "ceux du dehors" (4,11)[14]. »

Et cette position des proches de Jésus est corroborée si nous nous tournons vers la construction du récit :

Au niveau narratif large, la deuxième section de l'évangile, qui s'étend de 3.7 à 6.6a et qui décrit l'enseignement de Jésus et ses actes de puissance, mentionne en son début les réactions hostiles de sa famille et des scribes (3.20.35), et en finale celles des gens de Nazareth (6.1-6a).

Au niveau de notre péricope proprement dite, Marc utilise pour la première fois la fameuse « construction en sandwich » : A/ les gens de la parenté de Jésus se proposent d'intervenir (3.20-21) ; B/ Jésus répond à l'accusation des scribes venus de Jérusalem (3.22-30) ; A'/ la mère et les frères de Jésus le font appeler, et Jésus leur répond par un enseignement sur sa vraie parenté (3.31-35).

Il y a un rapport étroit entre la question de la parenté et celle de l'origine : dans les deux cas, ce qui est en débat, c'est l'autorité de Jésus. Sa famille dit : « Il a perdu la tête » (v. 21). Les scribes surenchérissent : « Il a Béelzéboul en lui » (v. 22), « il a un esprit impur » (v. 30). A toutes ces accusations, Jésus répond en recadrant correctement le problème de l'origine : le témoignage de l'Esprit Saint (v. 29), qui conduit à l'exécution de la volonté de Dieu (v. 35). Les deux tableaux (parenté / scribes) s'éclairent mutuellement[15].

---

[14] *Ibid.*, p. 151.
[15] Daniel Marguerat, Yvan Bourquin, *Pour lire les récits bibliques*, Paris/Genève, Cerf/Labor et Fides, 2009⁴, p. 206.

A Nazareth, Jésus répondra au scepticisme de ses auditeurs : « Un prophète n'est méprisé que dans sa patrie, parmi ses parents et dans sa maison » (6,4). Nous retrouvons ici l'insistance de Marc, le seul à préciser « parmi ses parents [*en tois syngeneusin autou*] ».

Dans notre passage, Marie et sa famille essaient de « retenir » Jésus, sans doute parce qu'il crée une agitation indésirable sur le plan social. Face à ceux qui cherchent à mettre la main sur lui, Jésus se montre un homme libre.

Le troisième dysfonctionnement : les femmes au tombeau (Mc 16.1-8)

Il y a aussi les femmes au tombeau (16.1-8). A la fin du récit de Marc, les femmes deviennent des protagonistes. Elles prennent la place des hommes-disciples, dont on ne parle plus depuis leur abandon et le reniement de Pierre. Le groupe des femmes apparaît en 15.40 (Marie de Magdala, Marie, la mère de Jacques le Petit et de José, et Salomé) et réapparaît en 15.47 (pour les deux premières), à titre de témoin de la mort de Jésus et de son ensevelissement. Il s'est donc produit un transfert des hommes-disciples aux femmes-disciples.

Comme nous l'avons vu, ces trois femmes sont nommées. Or les seules femmes à avoir été nommées dans le cours du récit sont Marie, la mère de Jésus (6.3-4, où Jésus est mésestimé par les gens de Nazareth) et Hérodiade (6.17-28), responsable de la mort du Baptiste. Donc la mention du nom des trois femmes au tombeau, s'il contribue à faire d'elles des protagonistes, laisse présager un avenir incertain, car elles n'appartiennent plus à la catégorie des personnages anonymes chers au deuxième évangile.

Leur accession au rang de protagonistes est accentué par le fait que le narrateur adopte leur point de vue : le lecteur voit ce qu'elles voient, entend ce qu'elles entendent, ressent ce qu'elles ressentent[16].

Cependant, il ne doit pas nous échapper que le transfert des hommes-disciples aux femmes-disciples constitue une note d'ironie très marquée, quand on connaît la valeur de leur témoignage dans l'Antiquité (Celse ne manque pas de traiter d'« exaltée » celle qui aurait vu Jésus vivant après sa mort). D'ailleurs l'ironie affleure encore dans la finale : les trois femmes sont chargées de transmettre une promesse attestant que l'échec ne constitue pas la fin. Mais ce

---

[16] A ce sujet, voir Edwin Broadhead, *Prophet, Son, Messiah : Narrative Form and Function in Mark 14-16*, Sheffield, Academic Press, 1994, p. 235.

sont *elles* qui échouent dans la communication, et cela *constitue la fin* – celle du récit !

Ce n'est pas tout. A l'ironie s'ajoute l'ambiguïté quant à leur rôle. Le lecteur sait que Jésus a déjà été oint pour l'ensevelissement ; est-il donc approprié de se préoccuper d'oindre son corps ? Dans leur départ au tombeau, cette motivation ambivalente laisse planer un grave malentendu...

Soit, le projet qu'elles ont formé n'est peut-être pas le bon. Il n'en reste pas moins que leur échec (fuite et silence) fournit au narrateur le moyen d'opérer directement sur le lecteur, obligé par cette finale suspendue de prendre ses distances par rapport à ces témoins défaillants ; obligé aussi de se souvenir que l'échec, la crainte et la désobéissance sont toujours possibles dans cette période qui va de la Résurrection à la Parousie. C'est en somme notre échec qui est mis en récit, nos peurs qui sont dépeintes ici. Et la fuite de ces femmes propulse le lecteur en avant !

Marc renonce à défocaliser en douceur – comme il sait le faire – et utilise les dernières phrases comme un tremplin, pour faire irruption dans le présent du lecteur réel. Il le contraint ainsi de rester aux prises avec le récit, pour lui garantir un sens acceptable. En l'interpellant avec vivacité, il l'oblige aussi bien à revenir à la source (en relisant le texte [à partir de la Galilée]) qu'à tenter d'en découvrir le sens en aval, dans le cadre d'une communauté interprétative[17].

Deux fois trois femmes...

Trois femmes exemplaires par leur foi, ainsi que deux femmes et un groupe de femmes dont l'attitude est tout sauf exemplaire... Nous pourrions nous arrêter à cette constatation. Mais la construction du récit nous invite à aller plus loin. En effet, il se dégage une structure qui, entre ces deux « trios », crée des rapports étroits.

Dans la deuxième section de l'évangile (3.7-6.6a), deux femmes sont mises en opposition : Marie (3.31-35) et la femme à la perte de sang (5.25-34). L'opposition se joue au niveau des relations familiales. La *mère* de Jésus s'immisce dans son activité, cherchant à le ramener à la raison. L'inconnue souffrant d'hémorragies depuis douze ans prend le risque d'un geste téméraire, puis se voit contrainte à dire toute sa vérité, avant d'être appelée par Jésus « *ma fille* ». L'image de la mère va ici de pair avec une *mainmise*, tandis que Jésus *délivre* l'inconnue de son ostracisme en l'accueillant comme fille.

---

[17] Yvan Bourquin, *Marc, une théologie de la fragilité. Obscure clarté d'une narration*, Genève, Labor et Fides, 2005, p. 341.

Dans la troisième section (6.6b-8.30), deux autres femmes forment, à leur tour, un contraste très vif : Hérodiade (6.17-29) et la femme syro-phénicienne (7.24-30). L'opposition se marque dans leur manière d'intervenir pour aboutir à leurs fins. Par sa manigance, Hérodiade emprisonne littéralement Hérode dans son serment, et cela devant ses invités (dignitaires, officiers, notables). La femme syro-phénicienne obtient ce qu'elle désire (la guérison de sa fille) d'une manière très différente : elle entraîne Jésus à un retournement complet par une simple parole, qui la montre humblement disposée à consentir au rôle que Jésus lui assigne. D'un côté, l'enchaînement qui conduit à la mort ; de l'autre, la liberté et la confiance récoltant la vie.

Dans la sixième section (14.1-16.8), l'opposition se creuse entre la femme au parfum (14.3-9) et les trois femmes au tombeau (16.1-8). Il est question dans les deux cas d'onction et de silence, mais dans un sens totalement différent. La femme au parfum risque un geste audacieux, mais reste silencieuse devant les critiques, et c'est Jésus lui-même qui, prenant sa défense, dévoile le sens de ce geste. Les femmes au tombeau, soucieuses d'embaumer le corps du défunt, s'entendent dire que celui-ci est revenu à la vie ; à l'ouïe de la mission qui leur est confiée, elles s'enfuient et gardent le silence, paralysées par la peur. Là encore, la liberté du geste et le silence respectueux contrastent avec l'incapacité de parler sous l'emprise de la peur.

Assurément, les dysfonctionnements surviennent avec la mainmise, la manipulation et l'enchaînement, tandis que les gestes ou les paroles de confiance vont toujours de pair avec la liberté et le respect.

servir
revue adventiste de théologie

Numéro 2 (Printemps 2018)

Editorial
Jésus est le chemin, la vérité et la vie — p. 3-5
Gabriel Monet

Le ministère rédempteur du Christ sur la croix — p. 7-21
Raoul Dederen

**« Il faut que le Fils de l'homme soit tué ».
Les sens de la mort (et de la résurrection)
de Jésus-Christ d'après les auteurs
du Nouveau Testament** — p. 23-45
Luca Marulli

**L'attente messianique à l'heure de Jésus.
Un état de la question** — p. 47-69
Jean-Claude Verrecchia

Pourquoi Jésus est-il mort sur la croix ? — p. 71-97
Roland Meyer

En quête de vérité (présente) — p. 99-109
Roberto Badenas

Les femmes du deuxième évangile — p. 111-121
Yvan Bourquin